Warum nur?

Wenn Großeltern der Umgang mit ihren Enkeln verweigert wird

DOROTHEE DÖRING

paulinus

Warum nur?

Wenn Großeltern der Umgang mit ihren Enkeln verweigert wird

DOROTHEE DÖRING

Die Deutsche Bibliothek – CIP-Einheitsaufnahme
Die Deutsche Bibliothek verzeichnet diese Publikation
in der Deutschen Nationalbibliografie; detaillierte bibliografische Daten
sind im Internet unter http://www.dnb.ddb.de abrufbar.

1. Auflage 2024

Umschlagabbildungen: BearFotos/shutterstock
Gesamtherstellung: Paulinus Verlag, Trier
ISBN 978-3-7902-1778-0
www.paulinus-verlag.de

Inhaltsverzeichnis

Einführung

Dieses Buch ist in zwei Teile gegliedert.

Im ersten Teil werden Kontaktabbrüche innerhalb einer Familie geschildert. Es ist immer schmerzhaft für Familienangehörige, die davon betroffen sind, wie aber auch für diejenigen, die ja nicht ohne Grund den Kontakt zur Familie abgebrochen haben.

Im zweiten Teil geht es um die Großeltern, die durch Kontaktabbruch ihrer Kinder den Kontakt auch zu ihren Enkelkindern verlieren.

Die Enkelkinder nicht mehr sehen zu dürfen, kann eine traumatische Erfahrung sein und gehört trotzdem zur Lebenswirklichkeit vieler Großeltern. Die Folgen für diese „verstoßenen Großeltern" und ihr Leid werden ausführlich geschildert.

Sie leiden Höllenqualen, wenn sie keinen Kontakt mehr zu ihren Enkelkindern haben dürfen. In Beratungen und Selbsthilfegruppen erfahre ich vom Leid durch den Verlust gewachsener Bindungen. Viele verstoßene Großeltern leiden durch den Verlust ihrer Kinder und Enkel an einem chronischen Verlustschmerz, an gebrochenem Herzen („Broken-Heart-Syndrom"). Andere entwickeln eine Verbitterungsstörung. Beides verhindert Lebensqualität und Lebensfreude.

Dieser Ratgeber bietet hilfreiche Impulse, wie Großeltern mit dem Kontaktabbruch zu ihren Kindern und Enkeln und ihren eigenen Emotionen besser zurechtkommen können und wie ein behutsamer Neustart nach Jahren der Trennung gelingen kann. Darüber hinaus finden sich hilfreiche Adressen, an die sich verstoßene Großeltern wenden können.

Das Wichtigste für alle Betroffenen besteht meiner Erfahrung nach darin, die Hoffnung auf eine positive Wendung nie aufzugeben. Als ermutigend für die Durststrecke, die bis dahin zu überwinden ist, empfinde ich die Zuversicht, die durch ein Zitat Vaclav Havels überliefert ist:

„Hoffnung ist nicht die Überzeugung, dass etwas gut ausgeht, sondern die Gewissheit, dass etwas Sinn hat, egal wie es ausgeht."

Die in diesem Buch verwendeten Fallbeispiele sind authentisch, zur Wahrung des Persönlichkeitsrechts aber anonymisiert.

Teil I. Kontaktabbrüche in der Familie

1. Arten des Kontaktabbruchs

Immer häufiger kommt es vor, dass erwachsene Kinder mit den eigenen Eltern oder Geschwistern Schluss machen und den Kontakt abbrechen.

Ein Kontaktabbruch kann von erwachsenen Kindern ausgehen, die ihre Eltern verlassen, er kann aber auch von den Eltern ausgehen.

Der Kontaktabbruch kann sich auf die ganze Familie beziehen und ist dann ein *Totalabbruch*. Er kann sich aber auch nur auf einen Elternteil oder auf beide Eltern bzw. auf alle oder nur ein Geschwister beziehen.

Kontaktabbrüche können schleichend, leise oder abrupt, nach eskaliertem Streit, erfolgen oder als Folge von Trennung oder Scheidung der Eltern, die erneut heiraten und mit denen sich die Kinder aus der Ursprungsfamilie nicht identifizieren wollen oder können. Kontaktabbrüche können aber auch erfolgen, wenn erwachsene Kinder selbst

Familie und Kinder haben und der Kontakt zu ihren Eltern, die ja auch Großeltern ihrer Kinder sind, wegen zu vieler Altlasten aus der Vergangenheit als zu belastend erscheint.

1.1. Kontaktabbruch der Kinder zu ihren Eltern

Wenn Kinder den Kontakt zu ihren Eltern abbrechen, ist das niemals eine spontane oder leichtfertige Entscheidung, sondern als ein Ergebnis einer langen Entwicklung mit einem hohen Leidensdruck anzusehen.

Häufig vollzieht sich ein von Kindern ausgehender Kontaktabbruch ohne Erklärung.

Isabel, 39:
„Ich bin viele Jahre immer mit dem Wunsch zu meinen Eltern gefahren, es möge doch ein netter, freundlicher, lustiger Tag werden. Der erste Kommentar von meiner Mutter, ‚hast du schon gehört, wie erfolgreich deine Schwester ist', reichte mir bereits. Als mein Vater dann auch noch besserwisserisch meine Äußerungen kommentierte, habe ich mein Elternhaus fluchtartig verlassen. Nach drei Monaten bin ich trotzdem wieder hingefahren mit dem Wunsch, es möge doch endlich ein unbeschwerter Tag werden. Meine Sehnsucht nach Anerkennung – von Liebe spreche ich schon gar nicht – hat mich immer wieder hinfahren lassen, um dann voller Frust zu fliehen. Irgendwann war für mich klar: Ich will mich nicht bei jedem Besuch unwohl fühlen und beschloss, zum Selbstschutz schweigend den Kontakt abzubrechen."

Isabel hat den Kontaktabbruch zu ihren Eltern als Fluchtweg aus der belastenden Beziehung gewählt, weil sie erkannte, dass Reden nichts gebracht hätte, zumal es ihren Eltern an Mitgefühl und Interesse an ihr zu fehlen schien.

Es gibt aber auch den abrupten Kontaktabbruch nach eskaliertem Streit:

Linus, 37:
„Obwohl ich über lange Jahre viel über mich ergehen ließ, gerieten mein Vater und ich bei einer Familienfeier in einen heftigen Streit. Er war mal wieder stark alkoholisiert und pöbelte meine Frau vor allen Gästen an. Obwohl ich weiß, dass er unter Alkoholeinfluss aggressiv wird und aus der Rolle fällt, brachte der Verlust seiner Impulskontrolle bei mir das Fass zum Überlaufen. Meine Frau und ich verließen die Veranstaltung. Seitdem haben wir keinen Kontakt mehr zu ihm. Meine Mutter hatte auch immer unter den Folgen seiner suchtbedingten verbalen Übergriffe zu leiden. Es war aber ihre Entscheidung, sich das gefallen zu lassen. Inzwischen leidet sie darunter, dass ich den Kontakt zu meinem Vater abgebrochen habe. Sie kommt uns aber gelegentlich besuchen."

Beide Beispiele zeigen unterschiedliche Arten, die Beziehung zu den Eltern zu beenden. Es gibt Situationen, in der Kinder die Reißleine ziehen müssen, um nicht psychischen Schaden zu nehmen. Wenn für Kinder der Druck zu groß wird, ist ein Kontaktabbruch – egal, wie er vollzogen wird – ein möglicher Weg, mit einer belastenden Familiensituation umzugehen.

Wie ein Kontaktabbruch zwischen Eltern und Kindern empfunden wird, ist unterschiedlich. Bei den verlassenden Kindern war meist der Leidensdruck vor dem Kontaktabbruch besonders hoch und er wurde durch den Abbruch gemildert. Bei den verlassenen Eltern beginnt der Leidensdruck häufig erst mit dem Kontaktabbruch.

In Beratungen und Seminaren höre ich erwachsene Kinder oft sagen: *„Meine Eltern haben überhaupt keine Ahnung, wer ich bin. Sie können sich nicht in mich hineinfühlen. Meine Eltern hören mir nicht zu, wir können nicht miteinander reden."*

Fanny, 34:
„Erst als Erwachsene konnte ich das Defizit, das ich zwar immer empfunden habe, aber nicht formulieren konnte, identifizieren. Ich konnte in meiner Familie keinen Halt und keine Geborgenheit finden. Erst sehr spät konnte ich die Kontaktlosigkeit zu meiner Familie begreifen. Mit extremem Widerwillen bin ich zu Besuchen gefahren und war immer wieder frustriert, dass meine Eltern nie mal fragten, wie es mir geht. Immer wieder habe ich erfahren, dass es eine schmerzliche Gleichgültigkeit gibt und wir uns nichts zu sagen haben. Irgendwann habe ich mich zum Selbstschutz schweigend zurückgezogen."

Aus meiner Sicht ist der schweigende Rückzug oft auf Konflikte zurückzuführen, die sich über einen langen Zeitraum aufgebaut haben, aber nicht kommuniziert bzw. wahrgenommen wurden.

Kinder erkennen meist erst im Vergleich zu Freundschaften oder Partnerschaften, die von Nähe und Wärme geprägt sind, wie gut und liebevoll sich Beziehungen anfühlen können. Dadurch werfen sie einen kritischen Blick auf die eigene Herkunftsfamilie. Das passiert für gewöhnlich im Alter zwischen 20 und 35 Jahren. Weil ihnen oft die Fähigkeit fehlt, ihre Bedürfnisse zu kommunizieren, ziehen sie sich nicht selten resigniert zurück.

In den meisten Fällen erleben „verlassenen Eltern“, die oft auch „verstoßene Großeltern“ sind, ohne Vorwarnung den unvorhersehbaren Kontaktabbruch als einen Tsunami der Gefühle. Im Gegensatz zu anderen Verlusten ist es ihnen kaum möglich, ihren Frieden zu machen, da die Gründe unklar sind. In der Psychologie spricht man dann von einem *uneindeutigen Verlust*.

Die amerikanische Psychologin Pauline Boss hat im Hinblick auf Vermisste und andere Menschen mit unklarem Verbleib den Begriff des *„uneindeutigen Verlustes“*[1] entwickelt. Dieser umfasst Situationen, in denen die Trennung von verloren gegangenen Menschen nicht betrauert werden kann, weil ein Rest von Unklarheit und Hoffnung bleibt.

Pauline Boss war Professorin für Familientherapie an der Universität von Minnesota und bezieht sich in ihrem o.a. Buch auf das Phänomen des *„uneindeutigen Verlustes“* und beschreibt zwei unterschiedliche Erscheinungsformen von Verlusterfahrungen: Zum einen den Verlust eines nahestehenden Menschen, der physisch nicht greifbar, dennoch psychisch als anwesend empfunden wird. Beispiele sind die Opfer des Tsunami in Thailand, die nicht zu identifizierenden Opfer des Anschlags vom 11. September 2001.

Was könnte nun „verstoßenen Großeltern“ helfen, mit ihrem uneindeutigen Verlust umzugehen?

Ihnen könnte es helfen, einen Sinn hinter dem für sie unerklärlichen Kontaktabbruch erkennen zu können. Da sie nicht wirklich wissen, was ihnen zur Last gelegt wird, geraten sie nicht selten ins Grübeln und dabei stellt sich oft heraus, dass es möglicherweise doch eine Vorgeschichte gab, dass sich etwas angestaut hatte und vielleicht Warnsignale überhört wurden.

Ein Kontaktabbruch erfolgt meistens aus einer Notsituation heraus, weil man so gekränkt, so verletzt ist, dass man glaubt, der Kontaktabbruch bringe Ruhe. Das ist aber oft nicht der Fall, es ist vielleicht vorübergehend eine gewisse Beruhigung, um Beziehungsprobleme im besten Fall zu verdrängen, eine Lösung ist es nicht. Das Grundproblem bleibt, denn durch die Funkstille ist nichts beendet und beide, der Abbrecher wie der Verlassene, bleiben innerlich auf eine destruktive Weise miteinander verbunden.

1.2. Der Kontaktabbruch der Eltern zu ihren Kindern

Bei Kontaktabbruch in Familien wird meist über verlassene Eltern berichtet. Doch es geht auch andersherum.

Judith, 35:
„Mein Leben änderte sich, als ich einen Nervenzusammenbruch erlitt und in die Psychiatrie eingewiesen wurde. Einen Tag später brachen meine Eltern den Kontakt zu mir ab, ohne Erklärung."

Der Kontaktabbruch von Eltern zu ihren Kindern gilt als das „Worst-Case-Szenario", denn es ist wohl das Schwerste überhaupt, zum Selbstschutz einen Kontaktabbruch zum Kind herbeizuführen. Doch dafür kann es tatsächlich gute Gründe geben: Kamen Sohn oder Tochter beispielsweise mit dem Gesetz in Konflikt, ist Drogenkonsum ein Thema oder kam es zu Diebstählen in den häuslichen vier Wänden? Dann liegen die Nerven aller Eltern blank und es bedarf einer schnellen Hilfe von außen und ggf. auch eines Kontaktabbruchs.

Eltern können auch den Kontakt zu ihren Kindern abbrechen, wenn sie z. B. beschimpft, bedroht und geschlagen werden. Gewalt in der Familie geht nicht selten von Kindern aus. Betroffene Eltern schweigen aber oft – aus Scham und Ohnmacht.

Andrea, 47:
„Ich bin mit 17 Mutter geworden und habe meinen Sohn allein großgezogen. Inzwischen ist er 30, lebt immer noch zu Hause und von meinem Einkommen. Trotzdem hat er mich beschimpft, beleidigt, eingesperrt und gequält, geprügelt, getreten, an den Haaren gerissen und gewürgt. Ich hatte Angst vor ihm, habe aber nichts unternommen und mir keine Hilfe von außen geholt, weil ich mich geschämt habe. Als ich feststellen musste, dass er meine Kreditkarte entwendet und mich in Schulden gestürzt hatte, zog ich die Reißleine, brach den Kontakt zu ihm ab und beantragte eine einstweilige Anordnung nach dem Gewaltschutzgesetz, die Wohnung zu verlassen, und zog vorübergehend zu meiner Freundin."

Was Andrea berichtet, ist kaum vorstellbar. Erwachsene Kinder haben zwar keinen Anspruch, bei ihren Eltern wohnen zu können, ihnen einfach den Stuhl vor die Tür stellen dürfen sie aber nicht. Selbst um gewalttätige erwachsene Kinder aus der Wohnung zu bekommen, muss gerichtliche Hilfe in Anspruch genommen werden. Zuständig dafür ist das Familiengericht. Den entsprechenden Antrag kann nur ein Rechtsanwalt stellen.

Wenn Beziehungen – auch die zwischen Eltern und erwachsenen Kindern – aus dem Ruder gelaufen sind, sind Sozialstationen, Psychotherapeuten und Psychologen eine erste Anlaufstelle. Manchmal wird ein Kontaktabbruch empfohlen – dies ist meist jedoch nur der letzte Ausweg.

Immer wieder wird in Zeitungen und Nachrichten darüber berichtet, dass Eltern der Brutalität ihrer erwachsenen Kinder ausgesetzt sind. Gewalt gegen Eltern ist in unserer Gesellschaft eine nicht beachtete, beziehungsweise nicht aktiv wahrgenommene Form familiärer Gewalt, die in fast allen Fällen im Verborgenen geschieht.

Aus Scham und Verzweiflung sprechen die wenigsten Eltern darüber. So geraten sie immer mehr in die Isolation. Das Schweigen zu brechen, fällt den meisten von ihnen unglaublich schwer.

Wenn Sie allein und hilflos sind, wenden Sie sich an die Polizei und bitten Sie um Hilfe! Sie hat verschiedene Möglichkeiten, angemessen auf die jeweilige Situation zu reagieren. Die üblichen polizeilichen Maßnahmen können sein:

- Wohnungsverweisung – Entfernung der gewalttätigen Person aus der Wohnung für 10 Tage (im Einzelfall kürzer),

- Polizeigewahrsam,
- Einleitung eines Strafverfahrens wegen Körperverletzung, Nötigung oder vergleichbarer Straftaten.

1.3. Kontaktabbruch zu Geschwistern

Der Kontaktabbruch zu Geschwistern ist ein komplexes und emotionales Thema. Es ist wichtig, die Gründe zu verstehen und sich der emotionalen Auswirkungen bewusst zu sein. Mit niemandem sonst als mit unseren Geschwistern wachsen wir so nah miteinander auf. Sie sind diejenigen, mit denen wir im Elternhaus von der Geburt bis zum Auszug am engsten zusammenleben, Sozialverhalten und Selbstbehauptung lernen. Wir teilen mit ihnen Geheimnisse und können uns mit ihnen gemeinsam gegen die Eltern verbünden.

Viele, die zu mir in Seminare und Konfliktberatungen kommen, beschreiben, dass sie viele unbeschwerte Kindheitserinnerungen mit ihren Geschwistern hatten. Umso schmerzvoller werden Erfahrungen von Krisen, Entfremdung oder Kontaktabbruch im Erwachsenenalter erlebt.

Ein Kontaktabbruch unter erwachsenen Geschwistern ist gar nicht so selten! Es kommt sehr häufig vor, dass Geschwister sich streiten und jahrelang oder sogar jahrzehntelang keinen Kontakt mehr miteinander pflegen. Oft geschieht das in Verbindung mit dem Erbe der Eltern.

Es ist wichtig zu verstehen, dass die Gründe für einen Kontaktabbruch zwischen Geschwistern vielfältig und individuell sein können. Hier sind einige der häufigsten Faktoren:

- Rivalität und Konkurrenz,
- Unterschiedliche Wertvorstellungen und Lebensstile,
- Konflikt mit Ehepartnern oder Familienmitgliedern,
- Entfremdung durch geografische Distanz,
- Erbstreitigkeiten.

Der Kontaktabbruch zwischen Geschwistern ist in der Regel kein plötzliches Ereignis, sondern Folge eines schleichenden Prozesses. Er kann sich über Jahre hinweg entwickeln, oft durch wiederholte Konflikte und ungelöste Streitigkeiten.

1.4. Kontaktabbruch zur gesamten Familie

Bis es zum Kontaktabbruch zur gesamten Familie kommt, liegt meist eine lange Leidensgeschichte und ein Weg voller Enttäuschungen hinter den Betroffenen. Leicht fällt das wohl keinem Kind und doch ist es manchmal die einzige Möglichkeit, um das eigene Leben endlich positiver und ohne seelischen Ballast gestalten zu können.

Das Beziehungsgeflecht innerhalb der Familie ist extrem vielschichtig: So stark das Band, das sie verbindet, auch sein mag – wird es über lange Zeit durch seelische oder auch körperliche Angriffe überstrapaziert, zerreißt es. Das Vertrauen ist weg, die Kränkungen sind zu viel. Kontakt bedeutet dann nur noch Stress, vielleicht sogar

Qual. Wenn Auseinandersetzungen und böse Worte, Enttäuschungen und Verletzungen immer wieder vorkommen, dann ist die Familie zur Stressquelle geworden und nicht Quelle für Rückhalt, Stärkung und Zusammenhalt und dann kann es für diejenigen, die diesem Leidensdruck nicht mehr gewachsen sind, besser sein, sich aus diesem Milieu zurückzuziehen und zum Schutz der eigenen seelische Gesundheit den Kontakt zur Familie abzubrechen.

Wer Sündenbock oder „schwarzes Schaf" der Familie ist, erleidet Benachteiligung und Schlimmeres. „Schwarzes Schaf" der Familie zu sein, ist ein hartes Los, denn es leidet unter all den weißen im Familiensystem: Fehlende Zuwendung, Benachteiligung, Ausgrenzung, übermäßige Belastung, Neid und/oder Vorwürfe von Eltern und Geschwistern. Außenseiter innerhalb der Familie zu sein, beeinträchtigt Selbstbild und Lebensgefühl. Auf Dauer leiden oft auch Gesundheit und andere Beziehungen darunter. Bevor das geschieht, sollten sich „schwarze Schafe" zum Selbstschutz von ihrer destruktiven Familie trennen.

Sarah, 43:

„Ich war in meiner Familie das schwarze Schaf, das unerwünschte jüngste Kind bzw. der dumme kleine Nachzügler, der ja eigentlich gar nicht gewollt war, ein Betriebsunfall der Eltern eben. Das bekam ich auch von allen zu spüren und hatte immer das Gefühl, nicht dazu zu gehören und keine Daseinsberechtigung zu haben. Auch zu meinen drei älteren Geschwistern war das Verhältnis schon von klein auf an sehr angespannt und schlecht. Meine Schwester hat mich immer nur schikaniert und ausgegrenzt, meine beiden Brüder haben als ‚Mitläufer' mitgemacht. Wenn etwas

passiert war, war immer ich die Schuldige, ich war der ‚Sündenbock' für alle. Das Mobbing endete auch nicht mit Ablauf der Kindheit, sondern setzte sich im Erwachsenenalter nahtlos fort. Irgendwann habe ich dann endgültig die Reißleine gezogen und den Kontakt zu meiner ganzen Familie abgebrochen und bin mit meiner eigenen Familie in eine andere Region gezogen und habe mich anschließend in professionelle Behandlung begeben, um diese traumatischen Erlebnisse aufzuarbeiten. Mittlerweile habe ich seit 8 Jahren keinen Kontakt mehr zu meiner Herkunftsfamilie."

Wie das Beispiel zeigt, ist die Entscheidung, sich von seiner Familie zu trennen, meist nicht impulsgesteuert, sondern häufig die Folge eines jahrelangen Prozesses. Meist ist es am Ende ein Tropfen, der das Fass zum Überlaufen bringt und zu der Erkenntnis führt, dass es reicht, und dann wird der Entschluss gefasst – mit allen Konsequenzen. Es ist absolut okay, sich von seiner Familie zu trennen, wenn man dort gemobbt wird und das Gefühl hat, dass das der einzige Weg sei, um glücklich zu werden. Die Gründe dafür müssen nicht von anderen rational begriffen werden können. Man muss bei einer solchen Entscheidung mit Tragweite seiner eigenen Intuition vertrauen.

2. Die häufigsten Gründe für familiäre Kontaktabbrüche

Familiäre Kontaktabbrüche sind das Symptom einer *dysfunktionalen Familie* und sind oft die Folge von *Bindungsstörungen*.

2.1. Bindungs- und Beziehungsstörungen

Bindung entsteht als emotionales Band zwischen Kind und seiner Mutter bereits während der Schwangerschaft. Die Bindungsphase nach der Geburt (Bonding) ist ein komplexer, von vielen Faktoren abhängiger und störungsempfindlicher Vorgang, in der Mutter und Kind sich kennenlernen. Wird diese Bindungs- oder Prägephase – aus welchen Gründen auch immer – gestört, hat das dramatische Folgen.

Für Bindungsstörungen gibt es ein Bündel von Ursachen:

- Zu frühe oder ungewollte Schwangerschaft
- Zu frühe Trennung von Mutter und Kind
- Erkrankungen der Mutter
- Wechselnde Bezugspersonen
- Vernachlässigung
- Autoritärer Erziehungsstil

Besonders eine zu frühe Trennung von Mutter und Kind führt – wie man heute weiß – zu Bindungs- und Beziehungsstörungen.

Bis in die 70er-Jahre des vorigen Jahrhunderts wurden die zu früh geborenen Babys abrupt von ihren Müttern getrennt, um sie in steriler Umgebung im Inkubator intensivmedizinisch zu behandeln. Heute gibt es das aufgrund neuester Forschungsergebnisse nicht mehr, denn man hat erkannt, wie wichtig die Prägephase für die Bindung und die Prognose des Gedeihens sind.

Hannah, 71:
„Zwischen meiner Tochter und mir gibt es eine Beziehungsstörung, die meines Erachtens die Folge des nicht erfolgten Bindungsaufbaus nach der Geburt war. Sie kam als ‚Frühchen' (7-Monats-Kind) per Kaiserschnitt zu Welt und wurde unmittelbar nach der Geburt von mir getrennt und in der Kinderklinik 6 Wochen intensivmedizinisch behandelt. Ohne Kind wurde ich nach Hause entlassen. Der zusätzliche plötzliche, unnatürliche Hormonabfall löste eine schwere Depression aus. Obwohl ich mich sehr darum bemühte, eine gute, fürsorgliche Mutter zu sein und meiner Tochter zu geben, was sie zu einer guten Entwicklung brauchte, kam es später immer wieder zu Konflikten und Kontaktabbrüchen durch sie."

Heute wäre eine solche Trennung von Mutter und Kind undenkbar. Selbst bei Frühgeburten, die nur eine Hand voll Leben sind, sorgt der intensive (Haut)kontakt zu den Eltern, insbesondere der Mutter, zu einer nachweisbar besseren Entwicklung. Tragisch, dass die Bedeutung des Bondings bis in die 70er-Jahre des letzten Jahrhunderts nicht bekannt war und man Mutter und Kind nach der Geburt getrennt hat. Inzwischen hat sich das „Rooming-in“ durchgesetzt, d. h. die Kinder bleiben bei der Mutter.

Gestört werden kann diese sensible Prägephase, in der sich Bindung und Urvertrauen ausbilden, aufgrund einer seelischen Erkrankung der Mutter, z. B. durch eine Wochenbettpsychose, auch Wochenbettdepression oder „Babyblues“ genannt, während der sie die Bedürfnisse ihres Kindes nach Sicherheit und emotionaler Beruhigung nicht befriedigen kann.

Wie tragische es sein kann, wenn durch eine Erkrankung der Mutter keine emotionale Beziehung zum Kind aufgebaut und keine „sichere Bindung“ entwickelt werden konnte, zeigt folgendes Beispiel:

Ulrike, 41:
„Meine Mutter litt, wie ich erst sehr spät erfuhr, nach meiner Geburt unter dem Baby-Blues, der sich in eine handfeste Depression entwickelte. Über Monate wurde ich gerade während der hochsensiblen Bindungsphase von ihr getrennt, weil sie in der Psychiatrie behandelt werden musste. Ich wurde von meiner Oma betreut und versorgt. Der nachträgliche Versuch meiner Mutter, eine Bindung herzustellen, funktionierte nicht, weil bei mir das Urvertrauen fehlte. Ich konnte zu meiner Mutter keine Nähe aufbauen und mich bei ihr nie wohl und geborgen fühlen.“

Eine weitere Ursache für Bindungs- und Beziehungsstörungen ist eine auf Autorität und Angst basierte Erziehung. Ein Beispiel dafür ist die „schwarze Pädagogik“ der

50er-Jahre mit Drill, Gehorsam und Angst. Kindern, die so aufwachsen mussten, fehlte oft der Raum, um sich emotional entfalten zu können. Auch ich hatte durch den Erziehungsstil meiner kriegsgeprägten Eltern, der auf Angst und Macht basierte und uns Kinder rigide zum absoluten Gehorsam abrichtete, kein Urvertrauen zu ihnen.

Unzählige Kinder, die wie ich in den 50er und den 60er-Jahren in Deutschland aufwuchsen, hatten es mit unverarbeiteten, totgeschwiegenen oder verdrängten traumatischen Kriegserfahrungen ihrer Eltern zu tun, die unterschiedlichste Ausprägungen, aber gleiche Folgen hatten: *Bindungs- und Beziehungsstörungen*.

2.2. Transgenerationale Traumatisierung

Bei Kontaktabbrüchen innerhalb der Familie geht es oft um ihren transgenerationalen Hintergrund, denn die Bindungsmuster und die daraus resultierenden Beschädigungen gehen fast immer über Generationen hinweg. Dementsprechend könnten die Problematiken auch nur verstanden werden, wenn das gesamte Familienbild betrachtet wird: Großeltern, Eltern, Kontaktabbrecher und Enkel. Dabei wird offenbar, dass sich dasselbe Thema, der Mangel an Bindung, durch alle Generationen zieht.

Viele der heutigen Großeltern haben noch als Kind oder Jugendliche die emotionalen Auswirkungen des Zweiten Weltkrieges erlebt, waren traumatisiert, funktionierten einfach nur. Das, was heutige Großeltern als Kinder erlebten, verunsicherte sie und führte zur *Sprachlosigkeit*, zum Verlust ihres Urvertrauens. Unbewusst haben sie ihr unverarbeitetes Trauma an ihre Kinder weitergegeben, was ein häufiger Grund für Kontaktabbrüche ist, denn die Kinder der Kriegskinder, die Kriegsenkel, sind in den End-60er- und 70er-Jahren des 20. Jahrhunderts die erste Generation, die wieder Zugang zu den eigenen Gefühlen hat und nicht mehr nur aus dem Kopf heraus funktioniert. Sie traut sich, zu fühlen und den Finger in die Familienwunde zu legen und zu ihrem Schmerz zu stehen. Mit dieser emotionalen Unterschiedlichkeit der Eltern- und Kindergeneration aber prallen unterschiedliche Umgangsweisen aufeinander, bei der der Gleichklang von Gefühlen und Sprache fehlen und insofern die Grundlage gegenseitigen Verstehens.

Häufig ist ein Kontaktabbruch aufgrund verschleppter Konflikte zu beobachten. Wenn in einer Familie Konflikte totgeschwiegen, Probleme schöngeredet oder verdrängt wurden oder die Worte fehlten, um Konflikte zu klären, kann diese Sprachlosigkeit zur Entfremdung und zum Kontaktabbruch familiärer Beziehungen führen.

Der familiäre Kontaktabbruch ist das äußerliche Zeichen dafür, dass Konflikte verschleppt und evtl. „Notsignale" bei den Kindern überhört worden sind.

Meist können Eltern, die Konflikte verdrängt, verschleppt oder nicht wahrgenommen haben, gar nichts dazu, weil sie unbewusst das transgenerational weitergegeben haben, was sie in ihrer Herkunftsfamilie erfahren haben. Oft ist ihnen nicht einmal bewusst, welche Spuren und Wunden die Herkunftsfamilie in ihnen hinterlassen hat und welche Auswirkungen das auf die nachfolgende Generation haben kann.

Oft existiert in Familien eine lange Sprachlosigkeit über entscheidende Themen, die einen unterschwelligen Konflikt zwischen Eltern und Kindern in betroffenen Familien begleitet und an deren Ende der Kontaktabbruch steht.

Sprachlosigkeit verhindert, dass Konflikte angesprochen und gelöst werden können. Man ergeht sich in Schweigen oder in oberflächlicher Rhetorik und lässt einander nicht mehr am Leben teilhaben. Dadurch findet kein Austausch mehr statt und der Anfang einer schleichenden Distanzierung beginnt.

Viele Eltern haben in ihren Familien keine Auseinandersetzungskultur gelernt. Stattdessen haben sie gelernt, Konflikte durch Schweigen zu vermeiden und haben ihre Prägung unbewusst an ihre Kinder weitergegeben. Das aber ist keine Lösung, denn so schwelen Konflikte unterschwellig weiter und werden verschleppt.

Es gibt viele Gründe dafür, warum es keine gute Idee ist, Konflikte zu vermeiden:

- Die Streitthemen können nicht verarbeitet werden und es findet keine gemeinsame Lösungssuche statt. Somit bleibt ein positiver Abschluss aus.
- Gefühle wie Wut, Verletzung und Enttäuschung können nicht verarbeitet werden und lösen sich nicht einfach auf, sondern mutieren zu Groll und Verbitterung.
- Durch das Schweigen werden die negativen Gefühle nochmals verstärkt, weil keine Klärung stattfindet. Das ist besonders schlecht für Menschen, die dazu tendieren, Dinge zu überdenken und infrage zu stellen.
- Die Streitenden fühlen sich in ihren Bedürfnissen nach Akzeptanz und danach, angehört zu werden, nicht ernst genommen.

- Die Beziehung hat keine Chance, sich weiterzuentwickeln und zu wachsen.

Natürlich kann Schweigen in manchen Situationen auch eine gute Lösung sein. Wenn zum Beispiel die Emotionen überkochen oder man sich mit den Themen nur noch im Kreis dreht und, anstatt lösungsorientiert miteinander zu reden, laut und verletzend wird. In diesen Fällen kann eine Redepause helfen. Das setzt aber voraus, dass man diese gemeinsam abgesprochen und definiert hat, wann man stattdessen gemeinsam das Streitthema besprechen möchte. So hat man die Möglichkeit, das erhitzte Gemüt abzukühlen, die Gedanken zum Thema neu zu sortieren und noch einmal durchzugehen, was man einander mitteilen wollte oder wo das Problem liegt.

Phasen der Sprachlosigkeit kommen in vielen Familien vor, es ist aber ein Versäumnis, gegen Sprachlosigkeit nichts zu unternehmen und sich Konflikte damit verfestigen zu lassen.

Hella, 73:
„Wir haben es unterschätzt, dass sich unsere Tochter schleichend aus unserem Leben zurückgezogen hat. Möglicherweise gibt es etwas, was der Grund dafür ist, wir wissen es aber nicht. Am Verhalten hätten wir aber merken können, dass sich etwas verändert hat und es auch ansprechen sollen. Mein Mann und ich glaubten aber, dass sich irgendwann alles wieder von selbst normalisieren würde. Inzwischen bedauern wir es sehr, dass wir es versäumten, aktiv etwas zu unternehmen, um im Gespräch zu bleiben. Heute würden wir zumindest versuchen, über Mediation

die Sprachlosigkeit zu beenden und mögliche schwelende Konflikte zu lösen."

2.3. Selbstbefreiung aus einer toxischen Familiendynamik

Es gibt manchmal Eltern, die sich so toxisch verhalten, dass es für die Kinder notwendig ist, auf Distanz zu gehen, um emotional zu überleben. Es gibt Kontaktabbrüche, die notwendig sind, um sich aus dysfunktionalen, ungesunden, destruktiven familiären Beziehungen zu befreien, um dem eigenen Ich eine Chance zu geben.

In meinen Beratungen und Seminaren erlebe ich immer wieder erwachsene Kinder, die den Kontakt zu ihren Eltern abgebrochen haben, um sich aus ungesunden Beziehungen zu befreien. *Emotionaler Missbrauch* in Form von *Manipulation* ist ein erschreckend häufiger Grund für einen Beziehungsabbruch.

Es gibt tatsächlich Töchter, die ständig damit beschäftigt waren, sich nach den Erwartungen ihrer Mütter auszurichten, weil sie hofften, dafür geliebt zu werden.

Wenn Martina an ihre Mutter denkt, werden ihr wieder die vielen Herabwürdigungen bewusst, die sie erdulden musste. Vor drei Jahren entschied sie sich zu einem radikalen Schritt: Sie brach den Kontakt komplett ab.

„Endlich bin ich voll und ganz bei mir. Mein Leben ist ruhiger geworden. Alles fühlt sich so viel leichter an, seitdem ich den Kontakt zu meiner Mutter abgebrochen habe."

Solche Sätze lassen erahnen, von wie viel Schwere, Belastungen und Problemen ihre Vergangenheit geprägt gewesen sein muss.

Sabrina, 48:

„Ich hatte seit ich denken kann, Probleme mit meiner Mutter. Sie war sehr launisch und unberechenbar, konnte in einem Moment extrem freundlich sein und im nächsten ohne Vorwarnung wütend werden. Es reichten Kleinigkeiten, dass sie ausrastete, mir die Schuld gab und sich beleidigt zurückzog. Sie hat mich vor meinen Freunden bloßgestellt. Ich war deshalb als Kind total verängstigt und angepasst und bemüht, nichts falsch zu machen. Am schlimmsten war es für mich, wenn meine Mutter mich mit tagelangem Schweigen gestraft hat. Es hat lange gedauert, bis ich erkannte, dass ich mich von meiner Mutter befreien musste, um mich selbst nicht zu verlieren. Als meine Mutter mich vor meinen Kindern herabgesetzt hat, war das Maß voll."

Das Beispiel zeigt folgendes: Wenn Grenzen immer wieder überschritten werden, sei es emotional, physisch oder psychisch, kann ein Kontaktabbruch erforderlich sein, um sich selbst zu schützen. Sabrina hat erkannt, dass sich Situationen wiederholen, in denen ihre persönlichen Grenzen nicht respektiert werden und – dass sich das nicht ändern wird. Sie erkennt, dass sie den Kontakt zum eigenen Selbstschutz beenden muss, um sich aus der schädlichen oder toxischen Beziehung zu lösen.

Obwohl es sich paradox anfühlt, können Eltern-Kind-Beziehungen toxisch sein und die Stärke, den Selbstwert, die Autonomie und die Beziehung zu sich selbst schleichend vergiften. Hätte Sabrina sich nicht aus dieser destruktiven Beziehung befreit, wäre sie vermutlich in einen selbstzerstörerischen Strudel geraten, aus dem sie nur schwer wieder herausgefunden hätte, denn toxische Beziehungen führen zum Verlust der eigenen Orientierung und der eigenen Bedürfnisse.

Aus destruktiven, toxischen Beziehungen auszusteigen, ist notwendiger Selbstschutz, um sich selbst zu befreien, aber extrem schwierig, weil es ohne Unterstützung schwer ist, sich aus einem emotionalen Abhängigkeitsverhältnis zu lösen.

Neben den bereits geschilderten häufigsten Gründen für familiäre Kontaktabbrüche, gibt es weitere:

- sich nicht gesehen, richtig aufgehoben und angenommen zu fühlen
- fehlender Halt und Sicherheit in der Familie
- permanente Grenzüberschreitungen (Missachtung persönlicher Grenzen)
- Untergraben von Autonomiebestrebungen (z. B. eigene Entscheidungen treffen zu können)
- überfordernde Erwartungen, denen man nicht gerecht werden konnte (z. B. den Familienbetrieb zu übernehmen)
- das Gefühl, nur gegen Leistung geliebt zu werden und Wertschätzung zu erfahren
- Ungerechtigkeiten
- Sprachlosigkeit

- zu viel Nähe und Überbehütung oder zu viel Distanz
- Loyalitätskonflikte zwischen Herkunftsfamilie und der Beziehung zum Partner oder zur Partnerin
- religiöse und kulturelle Anpassungserwartung
- emotionaler Missbrauch (z. B. Manipulation)
- transgenerationale Traumatisierung

Teil 2. Der Kontaktabbruch zu den Großeltern

1. Gründe für den Kontaktabbruch zu den Großeltern

Für Großeltern bricht eine Welt zusammen, wenn der Kontakt zu ihren geliebten Enkelkindern abbricht. Oft stellen sich die Eltern trennend zwischen die Generationen. Nach Schätzungen verlieren in Deutschland jedes Jahr 150.000 Kinder den Kontakt zu Oma und Opa.

Es gibt mehr als genug Gründe für einen Kontaktabbruch zu den Großeltern, z. B. Missverständnisse, Einmischung, Eifersucht, Rivalität, Konkurrenz, Verschleppte Eltern-Kind-Konflikte, Beziehungsstörungen, Konflikte mit dem Schwiegerkind, massive Grenzüberschreitungen, tiefe Vertrauensbrüche, familiäre Altlasten wie Familiengeheimnisse, Alkoholismus, Drogenkonsum, psychische Krankheiten.

1.1. Einmischung der Großeltern in das Familienleben ihrer Kinder und Schwiegerkinder

Die Einmischung in das Leben erwachsener Kinder und Schwiegerkinder ist ein häufiger Grund für Familienkonflikte und Kontaktabbrüche. Dabei handelt es sich um Eingriffe in die Integrität eines Menschen.

Da werden z. B. die abweichende Lebensform, die Berufs- oder Partnerwahl und die Kindererziehung kritisiert und in Frage gestellt. Da berät der leistungsorientierte Vater oder Schwiegervater seinen Sohn bzw. Schwiegersohn ungefragt in Finanz- oder Immobilienfragen und kommentiert dessen Entscheidung, sich die Elternzeit mit seiner Frau partnerschaftlich zu teilen.

Eltern erwachsener Kinder realisieren oft nicht, dass ihre Kinder erwachsen sind und selbstbestimmt eigene Entscheidungen treffen, die nicht mit den Vorstellungen der Eltern kompatibel sein müssen. Die meisten Einmischungen sind Eltern gar nicht bewusst und geschehen, um ihre Kinder vor schlechten Erfahrungen zu bewahren. Dabei wird aber übersehen, dass erwachsene Kinder ihre eigenen Erfahrungen machen müssen.

Besonders in der Beziehung zwischen Schwiegermutter und Schwiegertochter kommt es sehr häufig zu Einmischungen der Schwiegermutter. Dabei handelt es sich nicht um Ratschläge oder Tipps, sondern zum Teil um Bevormundung und grenzüberschreitende Einmischung in das Ehe- und Familienleben des jungen Paares.

Mike, 32:

„Meine Schwiegermutter nötigt uns Dinge auf, die wir nicht wollen, z. B.: ‚Ihr braucht unbedingt einen Wäschetrockner‘ und mit dieser ‚Verordnung‘ kauft sie das Ding und erwartet, dass wir auch noch dankbar sein sollen.“

Mikes Schwiegermutter mag es gut meinen und spendabel sein, ihr Vorgehen ist aber trotzdem ein manipulativer Übergriff. Wenn sie etwas tun will, sollte sie zuvor fragen, was das junge Paar braucht oder sich wünscht. Dann wird sie vielleicht hören, dass das Paar gar keinen Wäschetrockner braucht oder aus anderen Gründen nicht möchte. Schwiegermütter sollten hier einfühlsamer vorgehen und Respekt zeigen für andere Lebensentscheidungen des jungen Paares.

Auch wenn Schwiegermütter möglicherweise „nur das Beste wollen“, reagieren Schwiegertöchter regelrecht allergisch auf die Einmischung ihrer Schwiegermütter, denn sie nehmen dem jungen Paar die Gelegenheit, ein eigenes WIR und eigene familiäre Identität zu entwickeln.

Sehr häufig mischen sich Schwiegermütter in die Erziehung ihrer Enkelkinder ein und wachen darüber, welche Prägung und Rituale sich durchsetzen. Alles, was ihnen fremd ist, wird abgewertet, ist automatisch schlecht. Der Schwiegertochter keinen Raum zu lassen, ihren eigenen Erziehungsstil zu finden, ist in sehr vielen Familien die Ursache von Konflikten.

Erziehungswelten und Ideologien prallen aufeinander, bei denen die Kritik nicht immer versteckt ist.

Kommentare wie: *„Du musst deinem Kind bessere Manieren beibringen,"* oder: *„das hätte ich deinem Papa aber nicht durchgehen lassen"*, verletzen genauso wie *„wenn seine Noten nicht besser werden, dann wird aus dem Kind nichts"*. Ein großer Teil nerviger Sprüche stammt aus diesem Bereich: *„Das Kind isst nicht genug, das Kind ist zu dick / zu dünn, man spielt nicht mit dem Essen, du musst auch Vitamine essen ..."* Essen, Bewegung, Lernen, gutes Benehmen – darüber gehen die Vorstellungen oft weit auseinander.

Schwiegertöchtern wird oft von ihren Schwiegermüttern unerbetene Hilfe aufgenötigt, für die sie auch noch dankbar sein sollen. *„Wie eine Dienstbotin stehe ich mit dem Lieblingsessen meines Sohnes an der Türe, muss klingeln und werde nicht einmal hereingebeten"*, empört sich eine Schwiegermutter, deren berufstätige Schwiegertochter weder Zeit, noch Lust auf ihre Schwiegermutter hat, sondern ihren Alltag mit straffem Zeitmanagement bewältigen muss. *„Ich mache es ja gerne, aber sie könnte schon ein bisschen mehr zeigen, dass sie dafür dankbar ist"*, beklagt die sich unverstanden fühlende Schwiegermutter. Nur selten wird offen ausgesprochen, was die Frauen voneinander erwarten. *„Ich meine es doch nur gut"*, entschuldigt aber nicht jede Grenzüberschreitung.

Mit *Besserwisserei* versuchen viele Schwiegermütter, ihre Vorstellungen von Ehe und Familie durchzusetzen. Es fallen Sätze wie *„ich mache das ja immer so"* und *„bei mir kriegt mein Sohn immer ein gutes warmes Essen / frische Wäsche / gebügelte Hemden ..."*. Schwiegertöchter empfinden diese Einmischung in ihr Leben als Übergriffe.

Manches kann man „übersehen“ oder „überhören“, vor allem dann, wenn eine räumliche Distanz besteht.

Großes Konfliktpotenzial bergen die Enkelkinder. Insbesondere mit Regeln und Verboten der Eltern nehmen es Großeltern oft nicht so genau. Da darf das Vorschulkind plötzlich länger fernsehen, da gibt es Schokolade vor dem Abendessen, nach dem Zähneputzen noch ein Gummibärchen und da wird die Schlafenszeit nicht genau eingehalten. Oftmals fühlen sich Eltern dann in ihrer Autorität bedroht, wenn Opa und Oma entgegen der Familienregeln zu viel erlauben.

Manche Omas neigen mitunter zu unangebrachten Einmischungen und Grenzüberschreitungen, weil sie von sich glauben, die besseren und kompetenteren Mütter zu sein. Immerhin haben sie einen gewissen Vorsprung an Erfahrungen, die die Schwiegertöchter erst sammeln müssen. Damit geraten sie als Oma in Konkurrenz zur Tochter bzw. Schwiegertochter, die in Erziehungsfragen ihrer Kinder aber auch unmissverständlich deutlich machen sollte, dass sie andere Vorstellungen hat und sich die Großeltern im Interesse der Kinder bitte an ein einheitliches Erziehungskonzept halten mögen.

Für viele Großeltern erfüllt sich mit derlei Ausnahmen und kleinen Großzügigkeiten ein lang gehegter Wunsch: Hatten sie als Eltern das Gefühl, streng sein und erziehen zu müssen, dürfen sie nun endlich einfach nur weich und freundlich sein. Für viele Eltern ist das gar nicht so leicht auszuhalten. Sie fragen sich: *„Warum sind die zu meinem Kind so viel netter als zu mir damals?“* Und tatsächlich ist es ja auch schmerzhaft, in den eigenen Eltern als Großeltern eine Warmherzigkeit zu entdecken, die einem selbst in der eigenen Kindheit vielleicht gefehlt hat.

Oft besteht die Ursache der Konflikte zwischen Eltern und erwachsenen Kindern in Missverständnissen zwischen den Generationen. Die älteren Semester wollen sich mit dem durchsetzen, wie man es schon immer gemacht hat, während die jüngeren teilweise andere Vorstellungen haben und an diesen festhalten möchten. Ein Beispiel sind erhöhte Kindersitze für Kleinkinder in Autos, die manche Großeltern nicht benutzen wollen. Großeltern sollten beachten: Wenn sie andere Dinge erlauben als die Eltern, kann das nicht nur zu Spannungen zwischen Eltern und Großeltern, sondern auch zu Verunsicherung bei den Kindern führen.

Eltern sollten sich auf jeden Fall aus der Ehe ihrer Kinder heraushalten, denn die meisten Verletzungen, durch die Eheprobleme entstehen, wurzeln in der Kindheit.[2] Wenn z. B. Eltern ihre Kinder beraten, zwingen sie diese in die frühere Kindrolle, die sie aber überwinden müssen, um ihre Probleme zu lösen.

So können Sie als Tochter oder Schwiegertochter Einmischung unterbinden und trotzdem eine harmonische Beziehung behalten:

- Setzen Sie bereits während der Schwangerschaft Grenzen, um ungefragte Ratschläge zu unterbinden.
- Vereinbaren Sie Besuchszeiten.
- Regeln Sie schon vor der Geburt, wie die Besuchszeiten aussehen, wenn das Baby da ist.
- Setzen Sie Grenzen: Viele Großeltern müssen lernen, dass sie nicht ungefragt entscheiden können (z. B. mit dem Enkelkind zum Friseur gehen, weil die Haare zu lang sind). Das sind Grenzüberschreitungen.

- Nichts ist wichtiger als eine gute Kommunikation. Sagen Sie, was Sie möchten. Bestehen Sie darauf, dass die Großeltern Ihre Wünsche respektieren und auch einhalten.
- Beim Umgang mit den Schwiegereltern ist es wichtig, den /die Partner(in) einzubinden und als Eltern an einem Strang zu ziehen.
- Sprechen Sie Meinungsverschiedenheit an, statt ihnen aus dem Weg zu gehen. Wenn das nicht möglich ist, schreiben Sie einen Brief.
- Schenken Sie einander Vertrauen: Wenn Ihr Kind bei den Großeltern ist, verzichten Sie als Eltern darauf, ständig anzurufen und nachzufragen, ob alles okay ist.
- Nehmen Sie nichts für selbstverständlich und bedanken Sie sich, wenn Ihre Eltern bzw. Schwiegereltern Ihre Kinder betreuen. Zeigen Sie Ihre Wertschätzung und Ihr Wohlwollen, das freut in der Regel auch Ihre Kinder.
- Wenn sich die Großeltern weiterhin einmischen und die Regeln der Eltern nicht respektieren, dann kann eine Familienmediation helfen. Funktioniert auch das nicht, ist die letzte Option, eine Auszeit zu vereinbaren oder den Kontakt auf unbestimmte Zeit abzubrechen.

1.2. Mangelnde Anerkennung und Wertschätzung

Ein häufiger Grund für den Kontaktabbruch erwachsener Kinder zu ihren Eltern besteht in dem Gefühl, niemals dafür Anerkennung und Wertschätzung bekommen zu haben, wie man ist.

„Du sollst Vater und Mutter ehren", sagt das vierte Gebot, doch es gibt erwachsene Kinder, die sich damit schwertun. Sie erlebten Lieblosigkeit, mangelnde Fürsorge, fehlende Wertschätzung und sehen als Erwachsene keinen anderen Weg, als den Kontakt zu den Eltern und damit auch zu den Großeltern ihrer Kinder abzubrechen.

Kerstin, 38:

„Ich wuchs in einer Vorzeigefamilie auf, gut situiert, angesehen, leistungsorientiert, sehr christlich und mit gutem familiären Zusammenhalt.
Im Innenverhältnis ging es eher kühl und distanziert zu. Immer sehnte ich mich nach Anerkennung und Wertschätzung, mal in den Arm genommen zu werden, gelobt zu werden oder auch nur gesagt zu bekommen, ‚wir haben dich lieb'. Ich fühlte mich als nicht liebenswert und es ging mir in meiner Familie immer sehr schlecht, nach außen aber funktionierte ich perfekt und machte Karriere. Aber auch dafür erhielt ich von meinen Eltern weder Anerkennung, noch Wertschätzung. Meine Therapeutin unterstützte mich darin, nicht auf das zu warten, was ich von meinen Eltern nie bekommen werde und riet mir, den krankmachenden Kontakt zu meinen Eltern abzubrechen."

Sind Elternteile emotional unterkühlt oder narzisstisch, sind sie unfähig, auf die Bedürfnisse ihrer Kinder einzugehen. Stattdessen richten sich die Kinder nach den Wünschen der Eltern. Sie sind permanent damit beschäftigt, zu erspüren, wie es ihren Vätern und Müttern geht, in der Hoffnung, wenn sie sich nach ihnen richten, dafür als Dank Aufmerksamkeit oder Zuwendung zu bekommen.

Ricarda, 36:

„Ich bin die Tochter narzisstischer Eltern und deshalb extrem leistungsorientiert. Schon früh hoffte ich, über besondere Leistung die ersehnte Anerkennung meiner Eltern zu erhalten. Ich musste aber erkennen, dass das ein aussichtsloses Unterfangen war. Meine Erfolge wurden nie gewürdigt, stattdessen fanden meine Eltern immer etwas auszusetzen, so dass ich selbst immer mehr den Blick auf das Schlechte und Fehlende trotz meines Erfolges bekam. So sehr ich mich auch bemüht habe, nie habe ich ein Wort der Wertschätzung gehört und sehr darunter gelitten, dass es mir trotz extremer Anstrengung nicht gelungen ist, meine Eltern zufrieden zu stellen und ihre lang ersehnte Anerkennung doch noch irgendwann zu bekommen. Irgendwann habe ich erkannt, dass ich mich aus der emotionalen Abhängigkeit von meinen Eltern befreien musste, brach zu ihnen den Kontakt ab und schuf mir ein Umfeld, das mich so schätzt, wie ich bin."

1.3. Antipathie und Ablehnung

Wenn ein Sohn oder eine Tochter der eigenen Familie den neuen Freund bzw. die neue Freundin vorstellt, so ist damit die Hoffnung verbunden, dass diese(r) akzeptiert wird. Wenn stattdessen Antipathie und Ablehnung erkennbar werden, gibt es Probleme.

Vielleicht äußern Eltern die Bedenken nicht direkt, aber unter einander getauschte Blicke und fehlende Herzlichkeit bleiben einem in einer solchen Situation meist nicht verborgen. Im Gegenteil: Körpersprache kann sogar mehr aussagen, als dies Worte jemals vermögen. Vielleicht bessert sich die Situation mit der Zeit, vielleicht auch nicht.

Wird in der Familie nicht offen und ehrlich miteinander umgegangen, kann es sein, dass der Unmut über den neuen Partner niemals zur Sprache kommt. Lediglich ungemütliches Schweigen und falsche Freundlichkeit werden immer wieder zeigen, dass der neue Partner bzw. die neue Partnerin nicht wirklich in der Familie angekommen ist und dort niemals einen Platz finden wird.

Freunde kann man sich aussuchen, Familie nicht. In die wird man hineingeboren oder man heiratet hinein. Infolgedessen ist klar, dass man nicht jeden Menschen in gleicher Weise mag. Aber es gibt auch Verhaltensweisen, die wie Trigger wirken und in spontane Antipathie und Ablehnung umschlagen.

Rebecca, 37:

„Bereits als ich vor 10 Jahren der Familie meines Mannes vorgestellt wurde, sträubten sich mir bereits bei der ersten Begegnung die Nackenhaare und ich wusste gleich, dass ich mit dieser Familie nie klarkommen würde. Ihr elitäres, arrogantes Getue könnte ich nie ausstehen. Trotzdem habe ich immer versucht, der Familie meines Mannes mit Toleranz zu begegnen, bis meine Schwiegermutter mich nach einer Auseinandersetzung attackierte, ‚du hast ja nur ein Fachhochschulstudium, unser Sohn hätte etwas Besseres verdient als dich'. Ich konnte seitdem gar nicht anders,

als mich unerwünscht zu fühlen. Für mich war das der Schlusspunkt. Ich brach den Kontakt zur Schwiegerfamilie ab, tolerierte es aber, dass mein Mann und unsere Tochter den Kontakt hielten."

Wie das Beispiel zeigt, muss man nichts falsch gemacht haben, um abgelehnt zu werden. Es reicht schon, anders zu sein.

Die Ablehnung der Schwiegertochter durch die Schwiegermutter kann sich in vielerlei Hinsicht zeigen. Sie kann ihre Ablehnung der Schwiegertochter offen oder subtil verdeckt zum Ausdruck bringen.

Antipathie und Ablehnung können aber auch Schwiegereltern treffen.

Rita, 61:

„Unser Sohn hat ein inniges Verhältnis zu unserer Familie. Seit sechs Jahren ist er – wie es aussieht – glücklich verheiratet. Doch unsere Schwiegertochter ist und bleibt kühl und abweisend. Ich habe versucht, ihr mit Liebe und Groß zügigkeit zu begegnen, geändert hat sich nichts. Stattdessen hat sie gesagt, dass sie keine familiären Kontakte wünsche, da sie ihre eigene Familie und ihre Herkunftsfamilie habe und das ist sehr schade, weil das ja auch Einfluss auf unsere Enkelin hat."

Ich kenne zwar nicht die Perspektive der Schwiegertochter, aber weil Menschen selten ohne Grund seltsam sind, unterstelle ich, dass auch das abweisende Verhalten der Schwiegertochter einen Grund hat. Es könnte z. B. sein, dass sie die innige Beziehung ihres Mannes zu seiner Mutter und seiner Familie als Bedrohung empfindet.

1.4. Konflikte zwischen Schwiegereltern und Schwiegerkindern

Schwiegereltern und Schwiegerkinder haben sich einander nicht ausgesucht und deshalb handelt es sich eigentlich immer um eine Zwangsbeziehung mit Konfliktpotential. Tatsächlich sind Konflikte zwischen Schwiegereltern und Schwiegerkindern ein häufiger Grund für einen Kontaktabbruch.

Konflikte zwischen Schwiegerkindern und Schwiegereltern scheinen eine gesellschaftliche Normalität zu sein. Das Potential für Konflikte ist vielfältig. *„Wen liebst du mehr?“* (Partnerin oder Mutter / Partner oder Vater) oder *„Liebst du mich noch?“* sind die zentralen Fragen, die hinter Streit um Geld, Aufmerksamkeit, Erbe oder Kinderbetreuung stecken.

Im Grunde könnte es ganz einfach sein: Ein Schwiegerkind oder ein Schwiegerelternteil bringt in eine bestehende Prägung und ein ausgeklügeltes System von Bindungen und Verbündeten etwas Neues und Unbekanntes ein. Neues und Unbekanntes kann leicht Angst auslösen und so werden die eigenen Ängste aktiviert, die dann wiederum dazu führen, den anderen abzulehnen, abzuwerten, für einen schlechten Menschen oder schlicht und ergreifend indiskutabel zu halten.

Auch in Schwieger-Beziehungen, die zunächst erfreulich und harmonisch beginnen, können sich über die Jahre durch Missverständnisse Verletzungen ansammeln, die dazu führen, dass sich die Beziehung so unerfreulich entwickelt, dass man Nähe vermeidet.

Nun gehört z. B. der Schwiegersohn oder die Schwiegertochter ausgerechnet sehr eng zu dem Menschen, der uns am liebsten ist: zum eigenen Sohn oder zur eigenen Tochter. Wenn man diesen Schwiegersohn oder diese Schwiegertochter zufällig als irgendeinen Menschen auf der Straße träfe, würde man ihn gar nicht beachten. Da dieser Mensch aber nun Partner(in) des eigenen Kindes und damit Familienmitglied ist, muss man sich mit ihm befassen und auseinandersetzen!

Die Hauptkonflikte ergeben sich aus der Sicht der Schwiegereltern offensichtlich aus der *„schrecklichen Schwiegertochter“* und dem *„nichtsnutzigen Schwiegersohn“*. Das aber sind Bewertungen, Zuschreibungen und Vorurteile, die geäußert werden, um die eigene Ablehnung zu begründen.

Natürlich kann es anstrengend sein, sich mit der Andersartigkeit Ihrer Schwiegertochter auseinanderzusetzen, die Sie regelmäßig mit ihrer vorlauten Art, ihrem besitzergreifenden Wesen und ihrer lauten Stimme innerlich auf 180 bringt. Vielleicht finden Sie es unerträglich, wie sie an Ihrem Sohn herumfingert und dabei herausfordernd in Ihre Richtung grinst?

Mütter und Söhne haben oft besonders enge Bindungen aneinander, aus der sich beide nun lösen müssen, damit Ihr Sohn sein eigenes Leben mit der Partnerin seiner Wahl verbringen und eine Bindung zu ihr aufbauen kann. Ohne ein Bewusstsein dafür, was Ihnen da Kummer, Schmerz und Frust bereitet und eine gewisse Einsicht, dass dafür Ihre Schwiegertochter nichts kann, ist permanenter Stress wahrscheinlich.

Wenn Sie dann aber noch bedenken, dass Ihre Schwiegertochter unbewusst dafür sorgen wird, dass die Aufmerksamkeit Ihres Mannes ausschließlich ihr gilt, wird sie kein Interesse daran haben, dass Ihr Mann weiterhin eine enge Beziehung zu seiner Mutter hat.

Aber auch ein Schwiegersohn kann Fremdkörper für ein eingespieltes Familiensystem sein und wegen dieser Andersartigkeit wird er argwöhnisch beäugt, mit allerlei Stereotypen bedacht (Nichtsnutz, Looser, Schmarotzer) und abgelehnt. Das birgt oft das Konfliktpotenzial für Jahrzehnte.

Ob Schwiegertöchter oder Schwiegersöhne, es handelt sich um Familienmitglieder aus einer anderen Generation und einer anderen Familie, die die bisherige *Gruppendynamik* der Schwiegerfamilie stören. Konflikte können sich aber auch ergeben aus *Bildungs- und Milieuunterschieden*, die sich in unterschiedlichen *Verhaltensmustern und Strategien* (unterschiedlichen Kommunikationsmustern und Konfliktlösungsverhalten) zeigen. Schwiegertöchter und Schwiegersöhne konfrontieren eine gewachsene Kernfamilie mit anderen familiären Identitäten, die wie tektonische Platten aufeinanderprallen. Ohne Behutsamkeit im Umgang mit der Andersartigkeit von Herkunfts- und Schwiegerfamilie und eine Anpassung an unterschiedliche familiäre Identitäten kann sich daraus ein Dauerkonflikt entwickeln, bei dem es um den *„Kampf der Familiensysteme“* geht.

Was familiäre Identität bedeutet, erkennt man spätestens dann, wenn man heiratet und mit unterschiedlichen gesellschaftlichen oder kulturellen Prägungen konfrontiert wird. Es ist oft sehr schwierig, das auszutarieren. Gelingen kann das aber mit großem gegenseitigem Respekt und dadurch, dass sich mit der Zeit eigene gemeinsame Rituale etablieren. Am deutlichsten zeigt sich der *„Kampf der Familiensysteme"* in der Art, Feiertage, speziell Weihnachten zu feiern. Da geht es um die Durchsetzung verschiedener Praktiken und Rituale. Tatsache ist, dass sich die meisten Familiendramen an Feiertagen ereignen.

In vielen Familien kommt es gerade während der Weihnachtsfeiertage zu Konflikten, weil die Frage geklärt werden muss, wann welche Familien besucht werden. Damit Eifersucht unter Eltern bzw. Schwiegereltern vermieden wird und sich niemand benachteiligt fühlen muss, sollte vereinbart werden, wechselweise den 1. Weihnachtsfeiertag bei den Eltern oder den Schwiegereltern zu verbringen. Wohnen die in entfernten Regionen, kann es zum stressigen Weihnachtstourismus kommen. Ich erinnere mich noch daran, wie anstrengend es war, diagonal durch Deutschland zu reisen, weil die einen Eltern in Sindelfingen (Baden-Württemberg) und die anderen in Lübeck (Schleswig-Holstein) lebten und erwarteten, am 1. oder 2. Weihnachtsfeiertag besucht zu werden.

Weihnachten ist ein Familienfest mit *ungewohnter Dauernähe* und *Anpassung* und dieser Stress legt versteckte Konflikte offen, die eskalieren können. Das kann schon ein falsches Wort sein, das das Fass zum Überlaufen bringt. Diese Überempfindlichkeit gerade an Weihnachten hat auch damit zu tun, dass Menschen gerade am Fest der

Liebe überzogene Harmonieansprüche haben, die dann leicht enttäuscht werden.

Auch die *unterschiedlichen Erwartungen*, die jeder an das Weihnachtsfest hat, können zu Problemen führen. Jeder ist seit seiner Kindheit an bestimmte Weihnachtstraditionen gewöhnt. Hat man sich über solche Konzepte nie ausgetauscht, prallen in den Feiertagen die *verschiedenen Weihnachtskulturen* aufeinander. Das beginnt schon beim Essen: Während der eine sich schon seit Wochen auf den Karpfen an Heiligabend freut, kommt für den anderen ohne einen Gänsebraten gar keine echte Weihnachtsstimmung auf.

Obwohl Weihnachten der Favorit für familiäre Konfliktquellen ist, gibt es die „stillen Dramen", die sich meist zwischen Schwiegermutter und Schwiegertochter abspielen. Sie erstrecken sich oft über Jahre und bleiben im Verborgenen. Lieblingsthemen sind Kindererziehung, Ernährung und Lebensstil, also klassische Frauenthemen, bei denen es darum geht, welche Werte sich durchsetzen. Und deshalb spielt sich die Spannung vor allem zwischen den Frauen der beiden Generationen ab, nicht zwischen Schwiegermutter und Schwiegersohn. Dazu kommt eine „natürliche" Rivalität zwischen Frauen.

Fest steht, wer in eine Schwiegerfamilie einheiratet, betritt unbekanntes Land. Diejenigen, die es betreten, sind unsicher und viele *unbekannte Verhaltensmuster* der fremden Schwiegerfamilie führen – zumindest in der Anfangsphase – häufig zu Missverständnissen. Das liegt auch daran, dass jede Familie andere Verhaltensmuster, eine andere Kommunikation (Sprache und Sprachcodierung) hat und es in allen Familien eingeübte Formen der Auseinandersetzung und Streitkultur gibt, mit denen die Schwiegertochter aber nicht vertraut ist. Sie muss sich dann fühlen wie in einem Spiel, dessen Regeln sie nicht kennt.

Die Kommunikation ist häufig schon ein großes Problem, weil es vielleicht in einer Familie üblich ist, überlegt zu sprechen, während in der anderen Familie impulsiv miteinander gesprochen wird und manches harte Wort fällt, man aber weiß, dass es nicht so gemeint ist und man deshalb nicht gekränkt ist.

Grundsätzlich ist es einfacher, miteinander umzugehen, wenn man sich ähnlich ist, z. B. auf intellektuellem Niveau oder bei Gleichheit der Interessen. Diese Ähnlichkeit macht es einfacher zu kommunizieren. Man spricht die gleiche Sprache und muss sich nicht über alle Dinge neu verständigen, sondern kann auf geteilte Vorverständnisse zurückgreifen. Das reduziert Überraschungen, Missverständnisse und Konflikte.

Kommunikation ist eine zwischenmenschliche Begegnung, die sich auf verschiedenen Ebenen abspielt. Dabei kommt es nicht nur auf die Wahl der richtigen Worte an, sondern auch darauf, wie man sie sagt sowie auf die nonverbale Sprache, *Körpersprache* genannt. Oft stimmt der Inhalt einer Aussage nicht mit dem nonverbalen Ausdruck überein. Wenn das Gesagte mit Körpersprache (Mimik, Gestik, Tonfall) nicht zusammenpasst, entstehen „Doppelbotschaften", die zu Missverständnissen führen. Um sie zu vermeiden, kommt es darauf an, auch nonverbale Botschaften richtig wahrzunehmen und entsprechend darauf zu reagieren. Entscheidend ist darüber hinaus, dass die Botschaft, die wir senden, auch so beim Empfänger ankommt und dazu ist es erforderlich, die Sprache entschlüsseln zu können. Die Wahl der richtigen Worte im richtigen Moment ist eine Kunst, die gelernt sein will.

Durch meine Beratungen und Seminare wurde mir klar, dass viele zwischenmenschliche Probleme auf *Kränkungen* zurückzuführen sind, die letzten Endes auf Missverständnissen beruhen, leider aber oft in Beziehungsstörungen und Beziehungsabbrüchen enden können. Das ist destruktiv, denn dabei wird Betroffenen die Chance genommen, Missverständnisse zu erkennen, sie auszuräumen und das Problem gemeinsam zu klären.

Die meisten kommunikativen Probleme zwischen Schwiegermüttern und Schwiegertöchtern entstehen aber dadurch, dass Kommunikation auf verschiedenen Ebenen stattfindet. Der Sender (z. B. die Schwiegermutter) kann etwas sagen, was beim Empfänger (der Schwiegertochter) anders ankommt, als es gemeint war, weil gleichzeitig mit dem Gesagten immer nonverbale Signale mit gesendet werden. Diese werden vom Empfänger oft falsch interpretiert und schon ist ein *Missverständnis* die Folge.

In der Schwiegerfamilie ist Kommunikation ein besonders schwieriges Parkett, auf dem man ausrutschen und „entgleisen" kann, weil es weder eine *kompatible Sprachkodierung*, noch eine gemeinsame Vergangenheit, gemeinsame Erfahrungen und demzufolge auch kein gewachsenes Zusammengehörigkeits- oder Wir-Gefühl gibt. Man bewegt sich auf dünnem Eis, denn Schwiegertöchter und Schwiegermütter hatten keine Wahl, sich den jeweils anderen auszusuchen, sondern bekamen sich gegenseitig „vorgesetzt" und mussten notgedrungen lernen, sich aneinander zu gewöhnen.

Viola, 32:

„Ich habe Schwierigkeiten in der Kommunikation mit meiner Schwiegermutter, weil die alle Themen, auch die ernsteren, auf die humorvolle Seite zieht und damit notwendige Konfliktgespräche im Keim erstickt. Sie redet einfach alles schön, was ich als eine Form von Ignoranz empfinde, mit meinen Themen nicht ernst genommen zu werden."

Aber auch Schwiegerväter haben Probleme mit ihren Schwiegersöhnen. Wenn die eigene Tochter plötzlich mit einem Mann auftaucht, den sie heiraten und mit ihm eine Familie gründen möchte, dann ist das auch für den Vater oft nicht leicht. Besonders kritisch wird es, wenn die Tochter auf einmal „merkwürdige Ansichten" hat und nur noch die Meinung ihres Mannes teilt.
Vor allem in der Anfangszeit der Beziehung haben besonders Schwiegerväter, die ihre Schwiegersöhne als Konkurrenten betrachten, kein gutes Bild vom Partner ihrer Tochter. Da wird der Partner an der Seite der Tochter als nichtsnutzig angesehen, als Loser. Sehr verbreitet ist auch die Einstellung: *„Meine Tochter hätte etwas Besseres verdient!"*

Thorsten, 35:

„Beim ersten Antrittsbesuch bei meinen Schwiegereltern in spe nahm mich der Vater meiner Freundin skeptisch ins Visier und erkundigte sich danach, was ich beruflich mache, was meine Eltern machen, welche Pläne ich für die Zukunft mit seiner Tochter habe. Ich spürte deutlich, dass

ich als freischaffender Künstler nicht dem entsprach, was er sich als Schwiegersohn vorgestellt hatte, obwohl er formal freundlich, höflich und zurückhaltend war."

1.5. Abgrenzung der Kinder und Schwiegerkinder von dominanten Großeltern

Jedes Paar muss selbst wissen, wie es gemeinsam leben möchte. Was aber, wenn die Eltern oder Schwiegereltern es ständig besser zu wissen meinen?

Wenn Eltern bzw. Großeltern übergriffig und dominant werden, kommt es zu Problemen, weil sich ihre Kinder und Schwiegerkinder nicht gleichberechtigt, auf Augenhöhe, behandelt fühlen. Dominanz schafft eine Hierarchie, gegen die sich erwachsene Kinder wehren, notfalls mit Kontaktabbruch.

Kinder werden Eltern und die Eltern zu Großeltern. Das ist für die ältere Generation gar nicht so einfach. Sie sind jetzt in einer Rolle, in der sie nicht mehr die Hauptverantwortlichen für das Kind sind, sondern „nur" Oma und Opa. Das zu akzeptieren fällt schwer und führt oft dazu, dass sie sich mit unerwünschten Tipps und Ratschlägen in die Erziehung einmischen. Zu einem Problem wird es jedoch, wenn Großeltern darauf bestehen, dass ihr Rat akzeptiert und umgesetzt wird.

Auch unterschwellig können Großeltern dominant sein. Eine Mutter erzählte mir, dass ihr Sohn nach dem Besuch bei Oma plötzlich einen neuen Haarschnitt hatte, weil sie fand, dass seine Haare ins Gesicht hängen. Eine andere

Oma hat ihren Enkel regelmäßig umgezogen, weil ihr die „Kinderklamotten", die ihre Schwiegertochter gekauft hatte, nicht gefielen.

Wenn das eigene Kind Mutter oder Vater wird, ändert sich eine Menge. Es muss ein Loslösungsprozess stattfinden und die Großeltern müssen akzeptieren, dass ihre Kinder nun die Verantwortung für ihre eigenen Kinder haben. Selbst der ungefragte Wohnungsputz, während die Eltern beim Einkaufen sind, kann als Dominanz empfunden werden und für dicke Luft sorgen.

In meinen Beratungen und Seminaren erlebe ich regelmäßig junge Eltern, die unter der Dominanz ihrer Eltern oder Schwiegereltern leiden, die nach wie vor als „Bestimmer" auftreten und grundsätzlich alles besser wissen.

Carola, 37:

„Wenn meine Eltern zu Besuch kamen, stampfte meine Mutter mit dem Bräter und dem Essen, das sie mitgebracht hatten, in meine Küche und schubste mich zur Seite, wie sie es früher zu Hause getan hatte. Sie hatte keine Wahrnehmung dafür, dass sie zu Besuch und mein Mann und ich die Gastgeber waren. Sie wollte – wie immer – bestimmen, was auf den Tisch kam und gegessen wurde. Als sie dann auch noch in Erziehungsfragen dominierte, kam es irgendwann zum Eklat. Wir haben uns ihre Art, alles zu bestimmen, verbeten. Danach haben sich meine Eltern eine Weile schmollend zurückgezogen."

Das Beispiel zeigt, dass junge Paare und junge Eltern besonders am Anfang, wenn sie sich in ihrer neuen Rolle erst finden müssen, oft noch verunsichert sind. Das verführt manche Mutter bzw. Schwiegermutter dazu, die erwachsenen Kinder nicht ganz für voll zu nehmen oder die eigene Autorität auszuspielen. In Erziehungsfragen gibt es aber selten Dinge, die eindeutig gut oder schlecht sind. Deshalb sollte den Großeltern unmissverständlich deutlich gemacht werden, dass man allein Entscheidungen treffen möchte und auch gern das Risiko in Kauf nimmt, als Mutter oder Vater möglicherweise Fehlentscheidungen zu treffen.

Anja, 34:

„Egal, was ich mache, es ist nie richtig. Meine Mutter kommentiert alles. Das, was ich meiner Tochter anziehe, ist mal zu warm, mal zu kalt. Meine Mutter gibt vor, wie etwas richtig ist und gemacht werden muss. Mit ihrer Dominanz gibt sie mir ständig das Gefühl, dass sie mir nicht zutraut, eine gute Mutter zu sein. Seitdem unsere Tochter da ist, möchte sie ständig zu Besuch kommen und würde am liebsten einziehen, damit sie „ihre Kleine" sehen kann. Meinen Mann und mich stört dabei vor allem, dass sie einfach jederzeit ohne Ankündigung vor der Tür steht."

Besonders wenn Enkel ins Spiel kommen und eine Mutter oder Schwiegermutter erstmals Großmutter wird, kann es Spannungen geben. Dabei geht es meist um ungefragtes Eingreifen oder um Ratschläge bei Haushaltsführung und Kindererziehung.

Warum ist das so?

Oft hat das damit zu tun, dass es Großeltern schwerfällt, zu akzeptieren, dass jetzt nicht mehr *sie* die Hauptrolle spielen und die Kontrolle über ihre Kinder haben.

Aber die Elternschaft verändert auch die Beziehung zu den eigenen Eltern. Einerseits kann das bedeuten, dass erwachsene Kinder eine große Wertschätzung dafür verspüren, was die eigenen Eltern alles geleistet haben. Es kann aber auch sein, dass ihnen bewusst wird, wie sehr sie unter der Dominanz ihrer Eltern als Kind gelitten haben und dies ihren eigenen Kindern in keinem Fall zumuten möchten.

1.6. Eifersucht, Rivalität oder Konkurrenz unter Großeltern

Als Mama war man einzigartig, den Status „Oma" muss man teilen. Und selbst wenn man die „andere Oma" noch so mag, durch die überwältigende Liebe zum Enkelkind kann diese Konstellation weitreichende Konflikte mit sich bringen und viele Fragen: Ist es normal, eifersüchtig auf die „andere Oma" zu sein? Wie verhalte ich mich richtig, wenn es um unser gemeinsames Enkelkind geht? Darf mein Enkel eine „Lieblingsoma" haben?

Ich erinnere mich nicht daran, dass meine Groß- oder Urgroßeltern früher in einen Konkurrenzkampf verfielen, in dem genau festgelegt wurde, wer die „bessere" Oma sein durfte, wer wie viel Zeit mit den Enkeln verbringen durfte und wer die tollsten Geschenke machte. Als ich Kind war und ein neuer Erdenbürger erwartet wurde, steuerten alle Verwandten etwas zur Babyausstattung bei. Beide Omas strickten und häkelten Jäckchen und Mützchen, zuckersüße Schühchen und es zählte nur, dass genug für das Baby zusammenkam. Heute ist das anders. Immer häufiger beklagen sich vor allem die Großmütter väterlicherseits, mit der „anderen Oma" nicht mithalten zu können.

Renate, 67:

„Ich bin sauer. Vor zwei Wochen hatte ich meinem Enkel Lukas ein neues Spielzeugauto gekauft. Ein blau-weißes mit dem Schriftzug POLIZEI darauf. Genauso eins hatte Lukas sich gewünscht. Er war ausgerastet vor Freude, war mir um den Hals gefallen und hatte das Auto keine Sekunde mehr aus der Hand gelegt. Heute war ich wieder zu Besuch bei meinem Sohn und meiner Schwiegertochter. Das Polizeiauto lag in der Ecke. In Lukas' Hand: ein anderes Polizeiauto, größer, mit echtem Licht und Sirene. So etwas hatte mein Auto nicht. ‚Wo hast du das denn her?', fragte ich Lukas. ‚Von Oma Birgit' strahlte Lukas. War ja klar, dachte ich, die andere Oma muss mich immer übertrumpfen."

Natürlich empfindet Oma Renate Eifersucht, wenn sich die andere Oma vordrängt oder sie übertrumpft. Das ist eine sehr normale Reaktion. Schwierig wird die Konkurrenzsituation, wenn sie im „Geschenke-Wettrüsten" endet.

Das Beispiel zeigt aber auch, dass Renate als Oma väterlicherseits im Nachteil ist. Das bestätigen Studien. Forscher aus den USA wollen herausgefunden haben, dass Großeltern mütterlicherseits die besseren seien. Das liege daran, dass Frauen meist eine engere Bindung zu ihren

Eltern haben als Männer. So komme es auch zu einer besseren Beziehung zwischen den Eltern der Mutter und ihren Kindern.

„Mutter-Tochter-Gespanne stehen häufiger und regelmäßiger in Telefonkontakt miteinander, sie unterstützen emotional und geben Ratschläge – mehr als Mütter es mit ihren Söhnen tun oder Väter mit ihren Töchtern" erklärt die amerikanische Familienforscherin Karen Fingerman, die einige Studien zu dem Thema veröffentlicht hat.[3]

Doch was ist mit den Großeltern väterlicherseits? Auch ihre Beziehung zu den Enkeln hängt maßgeblich von ihrer Beziehung zur Mutter der Kinder ab. Eine gute Beziehung zur Schwiegertochter wirkt sich positiv auf das Verhältnis zu den Enkelkindern aus, Konflikte mit der Schwiegertochter hingegen können einer gesunden Großeltern-Enkel-Beziehung im Weg stehen. Das Verhältnis zwischen Großeltern und Schwiegersohn hat seltsamerweise weniger Einfluss.

In Deutschland kam man zu ähnlichen Erkenntnissen. Die Mutter der Mutter ist bei einer Befragung von der Hälfte der Enkelkinder als Lieblings-Großelternteil genannt worden, der Opa väterlicherseits wurde nur in zehn Prozent der Fälle zum Favoriten erklärt. Das schlägt sich auch in der Wortwahl wieder, während die Oma mütterlicherseits oft „Omi" genannt wird, wird die Großmutter väterlicherseits häufiger als „die andere Oma" oder „die Oma aus Hannover" bezeichnet. Natürlich sind das alles nur Beobachtungen und keinesfalls feste Regeln. In einigen Familien können die Verhältnisse komplett anders aussehen und selbstverständlich gibt es viele engagierte und liebevolle väterliche Großeltern. Im Durchschnitt sei jedoch die Beziehung zwischen den mütterlichen Großeltern und den Enkelkindern enger und wärmer.

Sich als Omas bzw. als Großeltern zu ergänzen und nicht zu konkurrieren – das ist die bestmögliche Konstellation. Dann können eine Oma und ein Opa mit den aufregenden Abenteuer-Ausflügen in die Natur punkten, während die anderen Großeltern die weltbesten Vorleser oder Erzähler sind oder in den Zirkus einladen und Popcorn und Eis spendieren. So hat jeder sein „Gebiet" und alle Seiten gewinnen, auch das Enkelkind.

1.7. Trennung oder Scheidung

Eltern leiden mit, wenn das eigene Kind Eheprobleme hat und sich scheiden lässt, ganz besonders, wenn auch Enkelkinder betroffen sind. Oft führen Trennung und Scheidung der Kinder bzw. Schwiegerkinder zum Kontaktabbruch zu den Großeltern, wodurch die Enkelkinder die emotionale Bindung zu ihren Großeltern verlieren.

Für Eltern verändert sich durch eine Trennung oftmals das ganze Leben und für ihr Kind bricht die vertraute familiäre Welt zusammen. Diese Umbruchsituation wirkt sich auch auf Großeltern aus, die nach einer Trennung gefühlsmäßig häufig zwischen allen Stühlen sitzen. Auf der einen Seite ist da die Nähe zum eigenen Kind, auf der anderen fühlen sie sich aber meist auch den Schwiegerkindern verbunden. Ihre große Sorge gilt in der Regel den Enkelkindern, da diese unter der schwierigen Situation leiden. Sie befürchten auch, den Kontakt zu ihnen zu verlieren.

Nach den Eltern sind die Großeltern die wichtigsten erwachsenen Bezugspersonen eines Kindes innerhalb der Familie. Sie könnten in der Situation von Trennung und Scheidung dem Kind Sicherheit, Halt und Vertrauen innerhalb gewachsener familiärer Strukturen geben. Leider aber ist es oft so, dass bei Trennungen der Groll auf den Ex-Partner auch auf dessen Eltern übertragen wird und den Großeltern plötzlich der Kontakt zum Enkelkind verwehrt wird, obwohl gerade beim Zerbrechen der Familie Großeltern eine emotionale Konstante sein könnten. Doch wenn eine Trennung besonders strittig verläuft, werden Großeltern oft mit in den Konflikt gezogen und damit deren Enkelkinder der Kontakt zu Oma und Opa genommen. Damit verlieren Trennungskinder wichtige Bindungs- und Bezugspersonen.

Welche Bedeutung die Großeltern im Rahmen einer Trennung für das Kind haben, hängt stark von der Intensität der gewachsenen Beziehung zwischen Großeltern und Kind bis zum Zeitpunkt der elterlichen Trennung ab. In der Regel sind die Großeltern die Menschen, die das Kind nach den Eltern am längsten, am intensivsten und vor allem am beständigsten kennen.

Wenn sich seine Eltern trennen, bricht für das Kind das bisherige Leben, das ihm Sicherheit und Geborgenheit garantierte, zusammen. Das kann bei ihm Ängste verursachen, die durch unbeeinträchtigte Kontakte zu den Großeltern beider Seiten verhindert werden könnten. In der Trennungssituation der Eltern bedeuten Großeltern Stabilität und Kontinuität in der sich für das Kind verändernden familiären Welt. Für sie ist es gerade dann wichtig, dass vertraute familiäre Beziehungen bestehen bleiben und ihre Großeltern ihnen ein Stück vertrauter familiärer Welt erhalten. Kinder können so bei den Großeltern emotional „auftanken“ und damit wird ein wesentlicher Beitrag geleistet, dass ein Kind die familiäre Krisenzeit der Trennung möglichst unbeschadet übersteht.

Vertrautes schafft Vertrauen. Großeltern können ihren Enkelkindern Beständigkeit und Vertrautheit bieten in einer Phase des Umbruchs und der Umorientierung und damit werden sie zu wichtigen Stützpunkten auf der schwankenden Brücke familiärer Veränderungen. Nicht ersparen können Großeltern dagegen ihrem Enkelkind die Trauer um den Verlust seiner Ursprungsfamilie.

Nina, 19:

„Ich war bei der Scheidung meiner Eltern 8 Jahre alt und habe mich in dieser belastenden Zeit immer zu meinen beiden Großeltern zurückgezogen, weil dort alles so war wie immer. Es war für mich ein Ort der harmonischen Auszeit, in der ich auftanken konnte. Oft war ich sehr traurig und dann haben Opa und Oma immer etwas Besonderes mit mir unternommen oder Oma hat für mich mein Lieblingsessen gekocht. Mit Opa habe ich im Garten gearbeitet und gebastelt, mit Oma gespielt und geschmust. Wenn ich auf meine Eltern sauer war, konnte ich alles mit Opa und Oma besprechen. Ich bin dankbar dafür, dass ich so liebe und verständnisvolle Großeltern hatte, die mich durch schwere Zeiten begleitet haben und das ausgeglichen haben, was meine Eltern nicht leisten konnten, weil sie zu sehr mit sich selbst beschäftigt waren.“

Befragt man Jugendliche oder Erwachsene nach ihrer Beziehung zu den Großeltern, so wird davon berichtet, wie bereichernd und positiv sie erlebt worden ist. Großeltern können ihren Enkeln viel bieten: seelische Unterstützung, Sicherheit und Zuflucht, insbesondere dann, wenn es den Eltern auf Grund äußerer Umstände nicht möglich ist.

Besonders die Fürsorge für die betroffenen Enkelkinder ist eine wichtige Aufgabe, denn wenn Mama und Papa sich trennen, ist es für die Kinder eine wichtige Gewissheit, dass Oma und Opa bleiben. Großeltern können ein wertvolles Fundament für Enkelkinder sein, wenn durch die Scheidung der Eltern das ganze Leben ins Schwanken gerät. Da sein, zuhören, umarmen und trösten: Das schenkt neues Vertrauen in die Welt. Großeltern können ihren Enkeln Ruhe-Inseln bauen. Gemeinsame Ausflüge und Unternehmungen lenken von den Sorgen ab.

Der Kontakt zu den Großeltern ist für Kinder ganz wichtig, denn Oma und Opa haben die angenehme Rolle, sich aus dem Erziehungsalltag heraushalten zu können. Damit bilden sie für ihre Enkelkinder einen „kuscheligen", neutralen Anlaufpunkt. Dieser sollte auch bei einer Trennung der Eltern erhalten bleiben, denn gerade dann ist die Zuneigung der Großeltern besonders wichtig.

Dementsprechend groß ist der Verlust, wenn Enkelkinder ihren Kontakt zu den Großeltern verlieren.

(Zur Wahrnehmung des Kontaktabbruchs der Großeltern nach Trennung oder Scheidung s. u. unter 2.3.)

1.8. Familiäre Neuorientierung

Wie bereits im vorigen Kapitel beschrieben, kann die Trennung der Eltern eine Herausforderung für die *Großeltern-Enkelkind-Beziehung* sein. Das hat sich in den Daten gezeigt: Wenn es zu einer Trennung oder Scheidung auf Elternebene kommt, leidet auch der Kontakt der Kinder zu den Großeltern. Das trifft vor allem auf die Großeltern väterlicherseits zu.

In der Folge einer Trennung oder Scheidung kommt es fast immer zu einer familiären Neuorientierung. Ein getrennter Vater oder eine getrennte Mutter mit Kind oder Kindern gründen eine neue Familie. Oft bringen Partner oder Partnerin Kinder aus vorherigen Beziehungen mit. Das neue familiäre Gebilde nennt man *Patchwork-Familie*.

Patchwork fordert auch von *Stiefgroßeltern* eine enorme Anpassung. Wenn sich die Kinder nach einer Trennung neu verlieben, ist meist schon Nachwuchs dabei. Und dieses Kind wird dann irgendwie – auch wenn nicht biologisch gesehen – zum Enkel. Dennoch: Dieses Kind hat eine Gleichbehandlung verdient, auch wenn es aufgrund der Entscheidung eines Elternteils in die fremde Familie kam.

Ein schmaler Grat für alle beginnt. Die „neuen" und „alten" Enkelkinder müssen zusammenfinden, die vielleicht noch nicht überwundene Trennung der eigenen Eltern überwinden und mit dem neuen Partner oder der neuen Partnerin des verbliebenen Elternteils klarkommen.

Zunächst müssen Oma oder Opa im Patchwork-System erst einmal ihren Platz finden. Nicht nur, dass die eigenen Kinder und auch die Enkelkinder meistens schmerzhafte Trennungen verkraften müssen, man muss sich auch als

Großelternteil nicht selten in Rücksicht üben und versuchen, unparteiisch zu sein. Dann kommen auch noch neue Großeltern hinzu oder man muss mit den anderen Kindern um die Gunst von Oma und Opa buhlen und teilen, was einem vorher allein gehörte. Konflikte sind vorhersehbar.

Für Stiefgroßeltern ist es oft schwierig, allen Kindern des neuen Paares Oma und Opa zu sein. Emotional gesehen gibt es große Unterschiede. Zum einen bereitet man sich auf ein Enkelkind ganz anders vor, wenn man bereits die Schwangerschaft mit begleitet. Man weint Freudentränen bei der Geburt und spätestens, wenn man das Bündel zum ersten Mal im Arm hält, ist man Hals über Kopf verliebt. Bei einem nicht-biologischen Enkelkind ist das hingegen anders. Die biologischen Eltern des Kindes sind nur durch einen Zufall plötzlich der neue Partner oder die neue Partnerin des erwachsenen Kindes. Es ist eine emotionale Herausforderung, die nicht biologischen Kinder genauso ins Herz zu schließen. Bei biologischen Enkelkindern regelt das die Chemie. Im anderen Fall muss die Bindung wachsen.

Zwischen den Großeltern und den durch Patchwork hinzugekommenen Stief-Großeltern kann es zu Eifersüchteleien kommen, wenn es zwischen ihnen zu einem Verdrängungswettbewerb kommt oder wenn mit Geschenken versucht wird, einander auszustechen.

Häufig führt auch die Bevorzugung der leiblichen Enkel zu Konflikten, wie folgendes Beispiel zeigt:

Kristin, 43:

„Wir sind seit 5 Jahren eine Patchwork-Familie. Ich brachte eine Tochter mit in die Ehe, mein Mann 2 Söhne. Der

Grund, warum mein Mann und ich den Kontakt zu seinen Eltern abbrachen, bestand darin, dass meine Schwiegermutter ihre leiblichen Enkel bevorzugte, nur Augen für sie hatte und ihnen viele Geschenke machte, während meine Tochter ignoriert wurde. Das konnten wir nicht zulassen.“

Die Stiefgroßeltern können entweder eine wertvolle Ressource oder eine Quelle von Streitigkeiten und Auseinandersetzungen sein. Studien belegen, dass Patchworkfamilien wegen ihrer besonderen Konstellation von Anfang an konfliktträchtiger sind als gewachsene Familien und nicht nur Patchwork-Eltern gefährdet sind zu scheitern, sondern auch Kontaktabbrüche zu Großeltern und Stief-Großeltern häufiger erfolgen.

1.9. Zerrüttete, dysfunktionale Familienverhältnisse

Unter einer dysfunktionalen Familie versteht man Familienbeziehungen, die chaotisch, unberechenbar und emotional kalt und unzuverlässig sind. Es liegt ein gestörtes Verhältnis unter den einzelnen oder mit allen Familienmitgliedern vor und es fehlt an Zusammenhalt, Liebe, Fürsorge oder Verbundenheit im Familiengefüge.

Dysfunktionale Familien können sehr unterschiedlich strukturiert sein und sind auf den ersten Blick nicht direkt erkennbar. Die äußere Fassade wirkt meist harmonisch und intakt, innerlich aber leidet die ganze Familie.

Dysfunktionale Familien sind emotionale Wüsten. Es mangelt an emotionalem Verständnis und emotionaler Wärme. Gesten liebevoller Zuneigung finden nicht statt, auch verbale Mitteilungen von Liebe, Lob und Anerkennung sind in dysfunktionalen Familien typischerweise Mangelware. Im Gegenzug wird mit Kritik, Verspottung und Abwertung nicht gespart.

In dysfunktionalen Familien ist es gang und gäbe, die persönlichen Grenzen der einzelnen Familienmitglieder zu missachten und zu überschreiten. Diese Grenzüberschreitungen zeigen sich besonders bei Konflikten.

Dysfunktionale Familien sind nicht in der Lage, klare und gerechte Regeln innerhalb der Familie aufzustellen. Was dem einen erlaubt wird, ist dem anderen untersagt. Bei zwei oder mehreren Kindern sind Ungleichbehandlungen an der Tagesordnung. Nicht selten bekommt ein Kind die Rolle des Sündenbocks und ein anderes die Rolle des Engels. Das führt zu großen Spannungen bis hin zu gegenseitiger Ablehnung der Geschwister untereinander.

Für ein Kind in einer dysfunktionalen Familie ist es schwierig, gesunde Grenzen zu ziehen, ein gesundes Selbstwertgefühl zu entwickeln und respektvolle und liebevolle Beziehungen aufzubauen. Oftmals wiederholen die Kinder selbst das Muster der Eltern, so dass transgenerational dieses destruktive Muster weitergegeben wird. Konflikte sind dann vorhersehbar. Zum Selbstschutz brechen dann oft erwachsene Kinder bzw. Schwiegerkinder den Kontakt zu den Eltern bzw. Schwiegereltern ab. Damit entscheiden sie aber auch über den Kontakt ihrer am Konflikt unbeteiligten Kinder zu den Großeltern.

Mara, 39:

„Ich bin das ‚schwarze Schaf' in unserer Familie. Das hörte auch nicht auf, als ich heiratete und zwei Kinder bekam. Mir wurde von meinen Eltern immer wieder Unzulänglichkeit signalisiert. Ich versuchte verzweifelt, es allen recht zu machen und wurde dennoch kritisiert, bis ich davon überzeugt war, dass an mir etwas falsch sein muss. Erst durch den Einblick in meine Schwiegerfamilie ist mir bewusst geworden, dass es auch noch normale Familien gibt, in der Wohlwollen herrscht und man nicht attackiert oder ausgegrenzt wird. Damit sich die Dysfunktionalität meiner Familie nicht in meinen Kindern fortsetzt, habe ich den Kontakt zu meinen Eltern abgebrochen."

Um sich aus einem tragischen Familiengefüge zu befreien, ist ein Kontaktabbruch oft unumgänglich, auch wenn dies vorübergehend sehr schmerzhaft sein kann.

In dysfunktionalen Familien findet klare, offene Kommunikation zur Konfliktlösung so gut wie nicht statt. Meinungsverschiedenheiten eskalieren oft im Streit, Probleme werden typischerweise ignoriert, verdrängt und ausgesessen. Deshalb können in diesen Familien Auseinandersetzungen zu tagelangem, in Extremfällen zu jahrelangem Schweigen zwischen den Familienmitgliedern führen.

1.10. Indoktrination – Der Einfluss extremer religiöser Gemeinschaften

Der Einfluss *totalitärer* Glaubensgemeinschaften kann durch Isolation und Indoktrination Familien zerstören. Den Mitgliedern wird das Paradies auf Erden verkündet, welches mit Hilfe ihrer Lehre kurzfristig erreicht werden könne. Die Glaubensgemeinschaft hat ein Wahrheitsmonopol, d. h. alles, was sie sagt, ist als richtig einzustufen und darf von den Mitgliedern nicht hinterfragt oder kritisiert werden. Die Sekte denkt in einfachen Gut-Böse- und Richtig-Falsch-Kategorien und verhindert somit Kritikfähigkeit und ein differenziertes Denken ihrer Mitglieder. Viele Glaubensgemeinschaften beinhalten in ihrer Ideologie auch Endzeitvisionen, wie beispielsweise die Zeugen Jehovas, die als einzig Auserwählte das Paradies erreichen werden.

Fast alle totalitären Glaubensgemeinschaften sind streng hierarchisch strukturiert, d. h. sie werden von einem Führer, Meister oder o.ä. geleitet, der als Heiliger, Gott oder „Channel" verehrt wird und kritiklose Loyalität und einen alleinigen Wahrheitsanspruch für sich in Anspruch nimmt. Dies bedeutet für die Anhänger und Mitglieder, dass sie sich bedingungslos unterordnen und anpassen. Dieser Exklusivanspruch ist sozialer Sprengstoff, denn er führt in aller Regel zu einer Radikalisierung im Denken, Handeln und Fühlen. Das angebliche Heil ist geknüpft an Selbstaufgabe und Unterordnung. Zweifel und kritische Einwände gelten als Verrat. Über die vermeintlich letzten Wahrheiten gibt es nichts zu diskutieren. Solche Ansprüche führen zwangsläufig zur Entfremdung von der früheren Lebenswirklichkeit. Die Betroffenen entwickeln neue Weltbilder, Weltanschauungen und Glaubensvorstellungen, die mit den herkömmlichen nicht in Einklang zu bringen sind.

Totalitäre Glaubensgemeinschaften schotten sich stark von der Gesellschaft ab und besitzen einen hohen Zusammenhalt. Die Mitglieder überwachen und kontrollieren sich gegenseitig. Zudem werden die Mitglieder entindividualisiert, d. h. die totale Hingabe wird gefordert. Die Gruppe und das gemeinsame Ziel sind wichtiger als der Einzelne. Die Mitglieder brechen mit ihrer früheren Lebensgeschichte: So werden Beziehungen zur Herkunftsfamilie, zu Freunden und Partnern abgebrochen. Schule, Studium und Beruf werden aufgegeben. Am Ende deuten die Mitglieder ihre bisherige Lebensgeschichte um.

Die Persönlichkeitsveränderung und Radikalisierung fällt den Angehörigen natürlich auf, der Verdacht auf ein Sektenengagement ist meist der erste Gedanke. Für Familien schaltet die Gefahrenampel sofort auf Rot, der Friede ist gefährdet. In den meisten Fällen folgen heftige Auseinandersetzungen. Dabei machen die Angehörigen oft den Fehler, ihre abtrünnigen Familienmitglieder mit Vorwürfen zu überhäufen und die Glaubensgemeinschaft, der sie sich angeschlossen haben, als gefährliche Sekte zu betiteln. Die Sektenmitglieder sind dann gezwungen, den Familienstreit zu beichten. Nun schaltet die Gefahrenampel auch bei der Sekte und ihren Führern auf Rot. Sie ziehen alle Register der Indoktrination, um den negativen Einfluss von Angehörigen und Freunden zu neutralisieren und den Machtkampf zu gewinnen. Ihr Hauptargument: Der negative Einfluss blockiere den Weg zur spirituellen oder religiösen Entwicklung. Das hindere die Mitglieder, die Wahrheit zu erkennen und sich geistig zu befreien. Die Erfahrungen zeigen, dass die Sekten den Machtkampf mit den Angehörigen in den meisten Fällen gewinnen. Gegen die Sehnsucht, Euphorie und die mentale Manipulation der Gurus sind die rationalen Argumente der besorgten Familie meist machtlos.

Auseinandersetzungen mit der Familie führen in den meisten Fällen zum Bruch der Beziehungen. Viele Familien fallen auseinander, die vorher gut funktioniert haben. Viel Leid erzeugen aber auch radikale Freikirchen. Gerät ein Familienmitglied in eine solche christliche Gemeinschaft, brechen ihre bisherigen Beziehungen oft auseinander. Selbst Ehen zwischen Anhängern einer Freikirche und denen einer Landeskirche haben meist keine Chance, denn für Freikirchen ist alles andere als *ihr* Glaube eine Irrlehre.

Wer ein Familienmitglied an eine Sekte oder Freikirche verliert, erleidet meist einen Schicksalsschlag. Die einzige kleine Chance, dies abzuwenden, liegt im richtigen Verhalten. Entscheidend ist, besonnen zu reagieren und Konflikte zu vermeiden. Wer einen Streit provoziert – so verständlich dies auch ist – hat in aller Regel verloren. Er treibt damit den Angehörigen förmlich in die Arme der Sekte. Denn dort erfährt er Verständnis und Unterstützung.

Wie aber ist es möglich, in die Fänge einer Sekte zu geraten?

Sonja, 41:

„Ich bin Lehrerin, seit vier Jahren geschieden und habe zwei Kinder im Alter von 8 und 10 Jahren. Mein Mann hat uns verlassen, um ein anderes Leben zu beginnen und das

führte für mich zur emotionalen Verunsicherung und in eine schwere Trennungskrise mit Verlustängsten. Der Kinder wegen schloss ich mich unserer Kirchengemeinde an. Dort traf ich auf eine charismatische Frau, die ebenfalls Lehrerin war und mit der ich mich anfreundete. Sie machte mich bekannt mit ihren Freunden. Mehr und mehr fanden Veranstaltungen in deren Bekanntenkreis statt und immer mehr wurde ich ein Teil davon, ohne zu merken, dass es sich um eine Glaubensgemeinschaft handelte und ich mich immer mehr als ‚Auserwählte' fühlte. Irgendwann begann man, mir klar zu machen, dass ich mich von meiner Familie und meinen Freunden trennen müsse, weil sie meine positive Energie blockierten. Der Abbruch sämtlicher Kontrakte aus meinem früheren Leben führte auch dazu, dass ich meine Kinder dem ‚schädlichen Einfluss' meiner Eltern und Ex-Schwiegereltern entzog.

Nach meinem Ausstieg aus dieser Glaubensgemeinschaft begann ein Leben im Nichts. Mein soziales Umfeld gab es nicht mehr. Als Aussteigerin galt ich für diejenigen, mit denen ich mich angefreundet hatte, als ‚Abtrünnige'. Mit Unterstützung einer Selbsthilfegruppe baute ich mir ein komplett neues System auf. Nach dauerhafter Indoktrination musste ich wieder lernen, wie man vertraut und Freundschaften schließt, wie man streitet, wie man eine eigene Haltung entwickelt."

Menschen sind nicht aufgrund einer bestimmten Persönlichkeitsstruktur für eine bestimmte fundamentalistische Glaubensgemeinschaft prädestiniert. Das Beispiel aber zeigt, dass Menschen in Lebenskrisen besonders anfällig sind, in die Fänge von Heilsversprechern zu gelangen.

Die Autorin Deborah Feldman wuchs in einer ultraorthodoxen jüdisch-amerikanischen Sekte in New York auf. Über ihren Ausstieg und das Leben in der Sekte hat sie ein Buch geschrieben. In Amerika wurde „Unorthodox" zum Bestseller. „Unorthodox", die autobiographische Lebensgeschichte der heute in Berlin lebenden Autorin.[4]

2. Der Kontaktabbruch aus der Wahrnehmung der Großeltern

Es scheint ein verbreitetes Phänomen zu sein, dass immer mehr Großeltern mit der Realität eines durch ihre Kinder einseitig ausgesprochenen Abbruchs familiärer Beziehungen konfrontiert werden. „Verstoßene Großeltern" müssen dann ohne ihre Enkel leben.

Wenn der Kontakt zu ihren geliebten Enkelkindern abbricht, bricht für Großeltern eine Welt zusammen. Eine Betroffene aus einer Selbsthilfegruppe berichtete:

„Mein Mann und ich dürfen weder Briefe, noch Geschenke schicken. Da bekommen wir gleich Post von der Anwältin. Und im Falle des erneuten Versuchs der Kontaktaufnahme zu den Enkeln würde ein Ordnungsgeld beantragt, selbst Haft wird angedroht. Seitdem haben wir nichts mehr unternommen, wir halten es seelisch nicht aus, immer wieder zurückgewiesen zu werden."

2.1. Der leise Kontaktabbruch ohne ersichtlichen Grund

Wenn erwachsene Kinder den Kontakt zu ihren Eltern abbrechen, ist das häufig ein *leiser Abschied*. Es gibt für die

Eltern meist keinen erkennbaren Grund wie etwa einen vorausgegangenen Streit. Die Kinder brechen aus heiterem Himmel, ohne Vorwarnung, den Kontakt zu ihren Eltern ab. Es gibt keine wütenden Telefonate, keine Reaktion mehr auf SMS, E-Mails oder WhatsApp. Briefe werden nicht beantwortet, Nachrichten ignoriert, Anrufe und Gesprächsversuche abgelehnt. So laufen alle Versuche der Eltern erwachsener Kinder, den Kontakt wieder herzustellen, ins Leere. Von einem Tag auf den anderen herrscht plötzlich Stille. Ohnmächtig bleiben die Verlassenen zurück, fühlen sich aussortiert und noch nicht einmal mehr einer Erklärung für wert befunden. Wenn Eltern gleichzeitig Großeltern sind und ohne Vorwarnung oder Erklärung die Kündigung von ihren Kindern erhalten, ist das die größte Strafe überhaupt und schwerer zu verarbeiten, als wenn jemand gestorben ist.

Eva, 59:

„Ich hatte einen guten Kontakt zu meiner Tochter und ihrer Familie, war als Oma gefragt und stand bei Bedarf zuverlässig zur Verfügung, bis sie eines Tages einfach ohne ersichtlichen Grund aus meinem Leben verschwand. Mit ihr verlor ich auch den Kontakt zu meinen beiden Enkelkindern. Durch diese radikale Trennung wurde mir ein Stück weit der Boden unter den Füßen weggezogen. Ich fühlte mich entsorgt und weiß bis heute nicht, warum."

Das plötzliche Abbrechen aller Kommunikationswege ohne vorherige Warnung oder Erklärung wird auch als *„Ghosting"* bezeichnet. Es handelt sich um *psychische*

Gewalt und eine moderne Variante des Kontaktabbruchs. Ghoster verschwinden einfach – ohne ein Wort, ohne Zeichen, ohne Warnung.

Wirft man einen Blick in die psychologische Ebene des Ghostings, stellt man fest, dass die Gründe fürs Ghosten von Konfliktvermeidung, mangelnder emotionaler Reife, Angst vor Zurückweisung bis hin zu Narzissmus reichen. Wichtig ist es hierbei, sich zu vergegenwärtigen: Jemanden zu ghosten, ist nicht ein Zeichen von Macht, sondern eher ein Ausdruck von Unsicherheit und Unreife.

2.2. Der abrupte Kontaktabbruch nach eskaliertem Streit

Oft existiert in Familien die Sehnsucht nach Harmonie. Es werden Zusammenhalt und Gemütlichkeit beschworen, obwohl niemand so recht weiß, wie sie herzustellen sind. Besonders Weihnachten ist ein Familienfest mit hohen Erwartungen:

Jedes Jahr machen sich ganze Menschenmassen auf den Weg, um das Weihnachtsfest mit und bei ihrer Familie zu verbringen. Heiligabend bei den Eltern, am ersten Weihnachtstag bei den Schwiegereltern und Oma und die unerfreulichen Diskussionen über Politik oder z. B. Impfstoff-Nebenwirkungen lassen diese familiäre Zusammenkunft mit ihrer ungewohnten Dauernähe nicht selten in einem heftigen Streit und leider auch mit einem Beziehungsabbruch enden.

Ute, 69:

„Ich bin ein richtiger Familienmensch und leide sehr darunter, dass Weihnachten ein heftiger Streit mit meinem alkoholisierten Mann und unserem Sohn zum Kontaktabbruch geführt hat. Ich wollte intervenieren, um zu beruhigen und den Ball flach zu halten, hatte aber keine Chance. Seitdem sehe ich auch meine beiden Enkel nicht mehr.“

Zu einem eskalierten Streit und in der Folge zu einem Kontaktabbruch kann es auch kommen, wenn Eltern den Lebensentwurf ihrer erwachsenen Kinder nicht akzeptieren wollen oder sogar abwerten.

Ralf, 62:

„Ich war mit der Berufswahl meines Sohnes, Schauspieler zu werden, nie einverstanden. Aus meiner Einstellung habe ich nie ein Geheimnis gemacht. Warum es gerade Weihnachten deshalb zum Eklat kam und mein Sohn mit seiner Familie das Haus verließ, verstehe ich bis heute nicht. Meine Frau und ich sind traurig, dass auch unsere Enkel unter dem Kontaktabbruch ihres Vaters zu leiden haben. Sie kamen immer gern zu uns und wir hatten ein inniges Verhältnis.“

2.3. Der Kontaktabbruch nach Trennung oder Scheidung

Häufig kommt es in Familien im Rahmen von Trennung und Scheidung zum Kontaktabbruch zu den Großeltern, weil man mit dem alten Leben brechen will und für Oma und Opa aus der Familie des oder der „Ex“ dann kein Platz mehr ist.

Nach einer Trennung sitzen Großeltern gefühlsmäßig häufig zwischen allen Stühlen. Auf der einen Seite ist da die Nähe zum eigenen Kind, auf der anderen aber häufig auch die Loyalität zum Schwiegerkind. Darüber hinaus fühlen sich Großeltern, die zuvor intensiven Kontakt zu ihren Enkelkindern hatten, ausgeschlossen, „entsorgt“, wenn sie wegen der Trennung oder Scheidung ihrer Kinder bzw. Schwiegerkinder von ihren Enkeln getrennt werden.

Jochen, 69:

„Ich fühle mich nach der Scheidung meines Sohnes als ein ‚Opa im Abseits‘. Mit meinem Enkel hatte ich eine vertrauensvolle, liebevolle Beziehung. Wegen der Berufstätigkeit beider Eltern habe ich Jonas regelmäßig von der Kita abgeholt, später von der Schule und mit ihm viel unternommen. Inzwischen ist er 8 Jahre alt und seit der Scheidung seiner Eltern vor einem Jahr boykottiert meine Ex-Schwiegertochter, bei der Jonas lebt, den Kontakt. Ich fühle mich dem ohnmächtig ausgeliefert und per Gerichtsurteil gegen die Kontaktverweigerung vorzugehen, sehe ich wegen der minimalen Chancen kritisch. Laut Jugendamt wird ein Fa-

miliengericht immer zum Wohle des Kindes entscheiden und ihm einen Loyalitätskonflikt ersparen."

Solche Ohnmachtserfahrungen machen viele Großeltern. Oft sind es – wie im Beispiel – Ex-Schwiegertöchter, die nach der Scheidung den Großeltern-Enkel-Kontakt vereiteln und damit eine gewachsene Bindung zerstören.

Das Beispiel zeigt darüber hinaus, dass besonders oft die Eltern der Väter ihre Enkel auf diese Weise verlieren. Immer häufiger kommt es aber auch vor, dass die eigenen Töchter ihren Eltern die Enkelkinder entziehen. Meist ist dann ein neuer Partner im Spiel und eine Möglichkeit, Macht auszuüben. Großeltern haben aber auch nach Trennung und Scheidung ihrer Kinder bzw. Schwiegerkinder ein Recht auf Umgang mit den Enkelkindern – leider oft nur auf dem Papier.

Wie sehr die Großeltern unter dem Verlust ihrer Enkel nach Trennung oder Scheidung ihrer Eltern leiden, hat auch Ellen leidvoll erfahren müssen:

„Seit mein Sohn sich von seiner Frau getrennt hat, habe ich meine Enkelkinder, zu denen ich vorher intensiven Kontakt hatte, nicht mehr zu sehen bekommen. Den einen Enkel habe ich vor einem Jahr noch gesehen, den anderen vor zwei. Dieser Verlust bricht mir das Herz."

Ellen ist Mitglied der Bundesinitiative Großeltern (BIGE), die sich grundsätzliche für mehr Rechte von Großeltern einsetzt. Sie vertritt aber auch die Auffassung, dass es nicht in erster Linie um das Recht der Großeltern gehe, ihre Enkel zu sehen, sondern darum, dass die Kinder ein Recht auf ihre Großeltern hätten.

Ausgegrenzte Großeltern sind keine Ausnahme. Etwa 40% aller Ehen in Deutschland scheitern.[5] Ein Dunkelfeld sind gescheiterte Beziehungen nicht verheirateter Paare, also Eltern ohne Trauschein. Innerhalb eines Jahres verlieren die meisten Trennungskinder den Kontakt zu einem Familienzweig.

Hierzu ein Beispiel:

Bis zur Trennung der Eltern war der siebenjährige Leon immer montags bei seinen Großeltern. Und nun? Der Kontakt wurde abgebrochen. Leider ist das kein Einzelfall. Wenn die Eltern sich bei der Scheidung ums Sorgerecht streiten, kommt es oft zur Funkstille mit den Großeltern. Oma und Opa wird der Kontakt zu den Enkeln sogar verwehrt.

Soziologen und Familienforscher bestätigen, dass es immer wieder Spannungen zwischen geschiedenen Müttern und ihren Schwiegereltern gibt. Nur knapp 50 Prozent der Eltern eines getrennten Vaters jedenfalls sind zufrieden mit dem Kontakt, den sie zu ihren Enkeln haben, unter den Eltern getrennter Mütter sind es dagegen fast 90 Prozent. Mit der Strafe „Kontaktabbruch“ müssen hauptsächlich Großeltern väterlicherseits leben.[6]

Anne, 64:

„Als unser Sohn sich scheiden ließ, verbot uns unsere Schwiegertochter den Umgang mit den Enkelkindern, damals vier und zwei Jahre alt. Das war grausam. Mein Mann und ich zogen vor das Oberlandesgericht und bekamen so-

gar Recht. Die Kinder durften dann alle zwei Wochen zu uns kommen.

Allerdings taten sie dies oft eher widerwillig. Wir haben gelernt, wenn Eltern dem Kontakt ihrer Kinder zu ihren Großeltern nicht wohlwollend gegenüberstehen, kann sich zwischen Großeltern und Enkeln nichts entwickeln, selbst wenn sie vor Gericht erfolgreich sind.“

Wird die Trennung eines Elternpaares nicht wohlwollend vollzogen, sind damit nicht nur für die ganze Familie tiefgreifenden Folgen verbunden.

2.4. Der Kontaktabbruch zu den Großeltern nach dem Tod eines Elternteils

Nach dem Tod eines Elternteils kommt es immer wieder vor, dass meist die Witwe bzw. Schwiegertochter den Kontakt ihrer Kinder zu deren Großeltern abbricht. Aus Loyalität zur Mutter reagieren Enkel dann auch nicht mehr auf Briefe und Geschenke der Großeltern.

Dieter, 67:

„Unser Sohn ist vor fünf Jahren an Krebs gestorben. Seither friert unsere Schwiegertochter unseren Kontakt zu den Enkeln ein. Wir dürfen nicht mit ihnen telefonieren und sie reagieren nicht auf Briefe und Geschenke. Unsere Schwiegertochter hat nie erklärt, warum. Sie hat neu geheiratet. Um unser Seelenleid zu minimieren, ziehen wir uns nun

zurück, hoffend, dass die Enkel später den Kontakt zu uns suchen.

Sonja, Norbert, (70/68):

„Unsere 40-jährige Tochter ist vor 5 Jahren bei einem Autounfall, bei dem unser Schwiegersohn am Steuer saß, tödlich verunglückt. Das eigene Kind zu verlieren, gehört zum Schlimmsten, was über Eltern hereinbrechen kann. Nur wenige Wochen nach Katrins Beisetzung kam jedoch der nächste Schock. Ohne Vorwarnung hatte unser Schwiegersohn uns eröffnet, dass wir künftig von unseren beiden Enkelkindern (5 und 7 Jahre alt) Abstand halten sollten. Obwohl die Kinder von klein auf eine innige Beziehung zu uns hatten, wurde uns jeglicher Kontakt untersagt. Die Beziehung zu unseren Enkelkindern wurde abgeschnitten, wir durften unsere Enkelkinder nicht mehr sehen. Das macht uns bis heute fassungslos und traurig."

Was wie aus einem Schauermärchen klingen mag, passiert in Deutschland tausendfach, wird tabuisiert und ist mit Scham besetzt, weil niemand gerne über familiäre Zerwürfnisse spricht. Und doch ist es eine bittere Wirklichkeit, die ausgelöst wird durch Trennung oder Scheidung der Eltern, durch Streitereien oder eben durch den Tod eines Elternteils.

Auch Norbert und Sonja haben alles versucht, um zu den Enkeln wieder eine Verbindung zu knüpfen. Gesprächsangebote blockte ihr Schwiegersohn ebenso rigoros ab wie Vermittlungsversuche über einen Psychologen.

Ein gesetzliches Umgangsrecht für Großeltern soll solchen Dramen zwar entgegenwirken, es lässt sich allerdings nur in den seltensten Fällen durchsetzen.

Lange hatten Norbert und Sonja daran gedacht, vor Gericht zu ziehen, um ihr Umgangsrecht durchzusetzen. Nach Paragraf 1685 des Bürgerlichen Gesetzbuches (BGB) haben Großeltern zwar ein „Recht auf Umgang mit dem Kind", jedoch nur, „wenn dieser dem Wohl des Kindes dient". Aber wie sollen Großeltern beweisen, dass ihr Umgang dem Wohl des Kindes dient? Sobald Streit entsteht, gerät das Kind in einen Loyalitätskonflikt und der Richter sieht das Kindeswohl gefährdet.

Die Bundesinitiative Großeltern (BIGE) fordert daher genauso wie der Interessenverband Unterhalt und Familienrecht (ISUV) eine Gesetzesänderung hin zur Beweislastumkehr, wie sie in Frankreich und Belgien praktiziert wird. Dort muss die Mutter oder der Vater beweisen, dass der Umgang mit den Großeltern nicht dem Kindeswohl dient. Den Kindeseltern drohen gar Sanktionen, wenn sie das Umgangsrecht der Großeltern behindern oder verhindern. Allerdings bringt auch ein gewonnener Rechtsstreit nicht unbedingt den gewünschten Erfolg, wie folgendes Beispiel zeigt:

Sebastian, 74:

„Ich selbst weiß, wie es ist, wenn der Kontakt zur übernächsten Generation streng unterbunden wird. Das Drama begann mit dem Tod meiner Tochter. Sie starb mit 42 Jahren an Krebs. Ihr und unserem Ex-Schwiegersohn hatten wir den Bauplatz auf dem Nachbargrundstück ge-

schenkt und halfen später auch beim Hausbau. Doch nach dem Tod meiner Tochter wurde uns der Kontakt zum Enkel verboten. Das war ein Schock, aber wir nutzten die Beratung der Caritas und sprachen mit dem Jugendamt. Vor einer ersten Gerichtsinstanz wurde dann ein Vergleich geschlossen: Unser Enkel dürfe zu uns kommen. Doch dem war nicht so. Vom OLG hieß es später: Wir gewähren ein Besuchsrecht an Ostern, Weihnachten und Geburtstagen. Davon waren alle begeistert, selbst der Anwalt der Gegenseite. Dann stand unser Schwiegersohn plötzlich auf und meinte nur: ‚Solange ich das Sagen habe, wird das nicht passieren.' Seit sieben Jahren herrscht nun Stille."

Wenn die Großeltern den Kontakt zu den eigenen Enkeln verlieren, weil der nicht mehr gewünscht ist, beginnt für sie ein Trauerweg. Großeltern müssen Wege finden, mit dem Verlust zu leben. Was für Norbert und Sonja in besonderer Weise gilt. *„Den Tod unserer Tochter können wir annehmen"*, sagt Norbert, *„denn mit dem Tod lässt sich nicht diskutieren."*

Aber mit dem Verlust ihrer Enkel können sich die Großeltern nur schwer abfinden. *„Das ist kein Schicksalsschlag und keine Naturkatastrophe. Das ist von Menschen gemacht."* Ein Bruch, der auch nur durch Menschen wieder zusammenwachsen kann.

2.5. Der Kontaktabbruch nach neuer Familiengründung

Nach Trennung oder Scheidung kommt irgendwann der Zeitpunkt, dass geschiedene Kinder oder Schwiegerkinder einen neuen Partner oder eine neue Partnerin finden und eine neue Familie gründen. Aus zwei „Restfamilien“ entsteht eine neue Familie.

In dieser neuen Konstellation müssen auch die Großeltern beider Seiten ihre Position finden. Ihnen ergeht es wie ihren Enkelkindern: auch sie sind unschuldig an der Situation, so wie sie ist. Weder für die Trennung ihrer Kinder oder Schwiegerkinder können sie etwas, noch für deren neue Beziehung. Sie sind auf einer Ebene mit ihren Enkelkindern, die sich in einer Situation befinden, die sie sich nicht ausgesucht haben. Großeltern und Enkel sitzen in einem Boot, beide Seiten müssen jetzt mit dem Leben in einer Patchwork-Familie klarkommen.

Eine Patchwork-Familie ist von vornherein eine Konfliktfamilie, weil aufgrund der Entscheidung des neuen Paares zusammengefügt wird, was nicht wirklich zusammengehört, denn es gibt keine gewachsene emotionale Bindung und kein Zugehörigkeitsgefühl. Da die neue Familie bereits von Anfang an Probleme hat, die es in einer gewachsenen Familie nicht gibt, wird häufig versucht, Probleme mit den Eltern des geschiedenen Partners zu vermeiden, indem man den Kontakt abbricht und sich auf die neuen Großeltern konzentriert. Das führt u.a. dazu, dass immer mehr leibliche Großeltern über Besuchsrechte mit ihren Ex-Schwiegertöchtern oder Ex-Schwiegersöhnen kämpfen müssen.

In welchem Maße eine Familie unter dem Kontaktabbruch zu den Enkeln nach einer neuen Familiengründung leidet, zeigt das folgende Beispiel:

Carola, 62:

„Seitdem die Ex-Lebensgefährtin unseres Sohnes in einer neuen Beziehung lebt, werden mein Mann und ich als Großeltern unserer beiden Enkelkinder ausgegrenzt. Wir haben den Eindruck, dass sie mit ihrem familiären Neustart ihre Vergangenheit löschen will, denn seitdem verweigert sie nicht nur uns den Kontakt zu unseren Enkeln, sondern auch dem Vater der Kinder, unserem Sohn. Obwohl wir eine innige Bindung und Beziehung zu unseren Enkeln aufgebaut hatten und sie viel Zeit mit uns verbracht haben, fühlen wir uns jetzt als entsorgte Großeltern. Wir haben uns natürlich auch juristisch wegen des uns laut Gesetz zustehenden Besuchsrechts beraten lassen, aber davon Abstand genommen, um unsere Enkel nicht in einen Loyalitätskonflikt zu bringen.“

3. Die emotionalen Folgen des Kontaktabbruchs für Großeltern

Was aber passiert, wenn Großeltern das Umgangsrecht untersagt wird und damit eine gewachsene Bindung zu ihren Enkeln zerstört wird? Großeltern nehmen diverse Rollen ein, die sie dann verlieren, denn sie sind:

- stabile Bindungspersonen, die dem Enkelkind emotionale Bindung durch Vertrauen, Nähe und Verlässlichkeit bieten und damit sein Ur-Vertrauen stärken und ihm Sicherheit vermitteln,
- geduldige Lehrer, die Zeit haben, um ihren Enkeln ihr Erfahrungswissen weiterzugeben,
- Bindeglieder, die Wissen über die Vorfahren weitergeben können,
- emotionale und soziale Anker, die ganz besonders in schweren Zeiten Familien mit Kindern Halt geben und die Familien entlasten können,
- Bewahrer von Traditionen:
  Kinder lieben Traditionen und Rituale, ganz besonders an den großen Festtagen wie Ostern oder Weihnachten. Meistens sind es die Großeltern, die über gemeinsame Feste und Rituale für den Zusammenhalt der Familie sorgen,
- insbesondere bei kleinen Enkeln sind Großeltern wertvolle „Nothelfer". Sie springen ein, wenn das Kind

erkrankt ist, kümmern sich, wenn der Kindergarten schließt oder das Kind zur Schule gebracht oder von der Schule abgeholt werden muss,
- Großeltern sind oft auch finanzielle Unterstützer, um ihren Kindern und Enkelkindern manches zu ermöglichen.

Die Folgen eines Kontaktabbruchs zwischen Großeltern und Enkeln und damit der Verlust einer gewachsenen Bindung sind erheblich. Großeltern und Enkel leiden beide unter der Trennung. Besonders die Kinder verstehen die Hintergründe nicht, warum sie mit den geliebten Großeltern auf einmal keinen Kontakt mehr haben dürfen. Zunächst empfinden die Kinder noch einen Trennungsschmerz, später tritt eine Entfremdung ein. Die entstandene Lücke wird mit anderen Bezugspersonen gefüllt. Damit verlieren Großeltern ihre Enkelkinder und dieser Verlust hinterlässt bei ihnen einen heftigen Verlustschmerz.

Heidi, 63:

„Ich habe in den vergangenen fünf Jahren die Großeltern-Hölle komplett durchschritten: Als sich mein Sohn und seine Lebensgefährtin trennten, versuchten mein Mann und ich, den Kontakt zu den beiden Enkeln zu halten, doch deren Mutter erwies sich zunehmend als unberechenbar, war mal nett zu uns, dann wieder beschimpfte sie uns aus heiterem Himmel. Irgendwann drohte sie meinem Mann am Telefon: ‚Du wirst deine Enkel nie wieder sehen!' Zwei Stunden danach erlitt er einen Schlaganfall, von dem er sich bis zu seinem Tod zwei Monate später nicht mehr er-

holte. Nach fünf Jahren der Kontaktverweigerung meldeten sich meine Enkel – inzwischen 13 und 15 Jahre alt – per Handy bei mir. Für meinen Mann war das zu spät.“

Wie das Beispiel zeigt, sind nicht nur die Kinder die Leidtragenden, wenn Paare ihre Ehe oder Partnerschaft für gescheitert erklären und auseinander gehen, sondern auch Großeltern, die oft den Kontakt zu ihren Enkelkindern verlieren. Das innige Band das sie einst mit ihren Enkelkindern verband, wird von den zerstrittenen Paaren nicht selten gedankenlos durchschnitten. Bis zur Scheidung engste Vertraute ihrer Enkelkinder, stehen Großeltern dem plötzlichen Abbruch der Beziehungen hilflos gegenüber. Meist sind es jedoch die Großeltern väterlicherseits, die es trifft, da in der Regel die Kinder, vor allem dann, wenn sie noch klein sind, im Haushalt der Mutter leben.

3.1. Ausgegrenzt – Als Großeltern entlassen

Viele Großeltern werden ausgegrenzt, ihnen wird der Umgang mit ihren Enkeln verwehrt. Bitteres Leid ist die Folge für viele Großeltern. Immer mehr Familien werden auf diese Weise zerstört.

Natascha, 59:

„Mein Sohn und meine Schwiegertochter haben sich bei ihrer Trennung einen regelrechten Rosenkrieg geliefert. Obwohl ich mich bewusst herausgehalten habe, hat meine

Schwiegertochter den Kontakt zu meinen Enkelkindern (4 und 6 Jahre alt) unterbunden. Das schmerzt mich umso mehr, als ich zu ihnen eine intensive Bindung aufgebaut hatte.“

Unabhängig davon, ob die Ausgrenzung als Folge eines ungeklärten Konfliktes erfolgte oder letztlich der Kollateralschaden eines gerichtlichen Streits um das Umgangsrecht ist, im Ergebnis bleibt den Großeltern der Kontakt zu ihren Enkelkindern oft verwehrt. Für sie bedeutet ein Kontaktabbruch zu Kindern und Enkeln eine Katastrophe, weil sie von der Teilnahme am Leben ihrer Enkelkinder ausgeschlossen sind und in ihrer letzten Lebensphase kaum auf eine Möglichkeit hoffen können, den Schaden reparieren zu können.

Wie fühlt es sich für Großeltern an, wenn ihnen von heute auf morgen „gekündigt“ und ihnen der Kontakt zu den Enkelkindern untersagt wird, wenn Briefe und Geschenksendungen zurückgeschickt werden?

Am Anfang gelingt es den meisten Großeltern nicht, zu realisieren, was geschehen ist, weil sie in den meisten Fällen auch nicht erfahren, warum der Kontakt abgebrochen wurde. Deshalb versuchen sie eine Zeitlang immer wieder vergeblich, Kontakt aufzunehmen.

Wenn aber tatsächlich längere Zeit keine Antwort mehr kommt – außer vielleicht noch ein paar weitere zurückweisende und harte Worte – beginnen „verstoßene Großeltern“ zu begreifen, dass die Kündigung der Beziehung keine kurzfristige Wutreaktion war. Dann beginnt die Suche nach den Motiven, nach der kleinsten Kleinigkeit, die sie gesagt, getan oder unterlassen haben könnten und durch die ihre Ausgrenzung aus dem Leben ihrer Kinder und Enkel wenigstens irgendwie erklärbar wäre. Was am Ende bleibt, ist ein schlichtes *„ich verstehe es nicht"*.

Was auch immer die ausgesprochenen oder vermuteten Gründe für eine Ausgrenzung aus dem Leben des Kindes und der Enkel sein mag, „verlassene Großeltern" empfinden sie als massive Entwertung, denn die unausgesprochene Botschaft ist deutlich: *„Unser Leben geht euch nichts an."*

„Verstoßenen Großeltern" bleibt leider nichts anderes übrig, als die Ausgrenzung aus dem Leben ihres Kindes und ihrer Enkel hinzunehmen, sich damit abzufinden und damit zu leben. Bis das allerdings gelingt, werden sie sich noch lange Zeit in einem Gefühlschaos aus Zuneigung, Trauer, Hoffnung und Wut bewegen.

Für alle Betroffenen führt ein dauerhafter Kontaktabbruch erst zur Entfremdung, dann kommt das Misstrauen und am Schluss steht das Feindbild, das sich je nach Lage gegen jeden Beteiligten richten kann. Verhärten sich die Fronten in einem Streit, rechtfertigt man oft den Kontaktabbruch mit dem Argument, man ziehe sich zurück, weil wieder Ruhe einkehren müsse. Kinder sind dann besonders betroffen, werden auch häufig für persönliche Interessen instrumentalisiert. Sie sind großem Leid ausgesetzt, wenn sie zwischen die Fronten geraten und dadurch die Bindungen zu ihren familiären Bezugspersonen verlieren.

Es sind inzwischen in der Öffentlichkeit viele Fälle ausgegrenzter Großeltern bekannt geworden und ich selbst habe in Beratungen und Seminaren immer wieder damit zu tun. Die betroffenen Großeltern fühlen sich oft allein gelassen, hilflos und ohnmächtig. Sie wollen wissen, warum sie ausgegrenzt werden und inwieweit die Schuld dafür bei ihnen liegt, ob sich der Schaden noch reparieren lässt, ob es rechtliche Eingriffsmöglichkeiten gibt, mit wem man fachgerecht sprechen und wer überhaupt helfen könnte.

Die zunehmende Zahl ausgegrenzter Großeltern hat vermehrt Selbsthilfe-Initiativen entstehen lassen, die sich zum Ziel gesetzt haben, Großmüttern und Großvätern zu helfen, durch das vertrauliche Gespräch in der Gruppe die oft krankmachende Trennung besser verarbeiten zu können (s.u. 8.: Selbsthilfe, Adressen zu örtlichen Selbsthilfegruppen finden sich auch im Internet).

3.2. Der doppelte Verlust

Wenn Kinder sich von ihren Eltern abwenden, jeglichen Kontakt verweigern und ihnen zusätzlich ihre eigenen Kinder vorenthalten, führt das für „verlassene Eltern" bzw. „verstoßene Großeltern" zu einem *doppelten Verlust*, sie verlieren ihre Kinder und auch noch ihre Enkelkinder.

In vielen meiner Seminare begegne ich vor allem *„verstoßenen Großeltern"*, die unter dem doppelten Verlust leiden, von ihren Kindern verlassen worden zu sein und die Enkelkinder verloren zu haben.

Heike, 62:

„Mein Mann und ich hatten zu Dirk, unserem Sohn, ein inniges, vertrauensvolles Verhältnis bis zu dem Zeitpunkt, als er heiratete. Seitdem ist er total verändert, verschlos-

sen, ja manchmal kommt er uns sogar feindselig vor. Er hat den Kontakt zu uns abgebrochen, ist nicht gesprächsbereit und wir sind traurig und ratlos."

Das Schlimme am Kontaktabbruch ist, dass Kinder, die zu diesem Mittel greifen, ja nicht nur ihre eigenen Wurzeln kappen, sondern auch die ihrer Kinder und ihnen die Liebe ihrer Großeltern vorenthalten.

Juliane, 58:

„Wenn die eigenen Kinder den Kontakt abbrechen und man infolgedessen auch keinen Kontakt zu seinen Enkelkindern hat, ist das ein doppelter Verlust und ein Riesenloch im Leben. Es ist gar nicht so selten, dass Enkelkinder in Sippenhaft genommen und als emotionale Waffe missbraucht werden. Dabei geschieht ihnen durch Entzug und Entfremdung auch Unrecht. Sie werden um die Liebe ihrer Großeltern betrogen und damit auch zu Opfern. Es ist unmöglich, den erlittenen Verlust zu verdrängen."

Wer den Kontakt zu seinen Eltern abbricht, entscheidet damit auch über das Schicksal seiner Kinder, denen die Liebe der Großeltern vorenthalten bzw. entzogen wird. Im Konflikt unbeteiligte Kinder in Sippenhaft zu nehmen, ist zwar die stärkste Waffe in der Auseinandersetzung mit den Eltern, letztlich aber seelischer Missbrauch, der sich eines Tages rächen wird.

Edith, 67:

„Ich denke täglich an meinen inzwischen 12-jährigen Enkel, zu dem ich von Geburt an eine innige Beziehung hatte und mit dem ich früher viel unternommen habe, um meinen Sohn und meine Schwiegertochter zu unterstützen. Einmal in der Woche war „Oma-Tag". Dann holte ich Felix von der Kita ab und wir verbrachten den Rest des Tages gemeinsam, besuchten alle Spielplätze oder gingen im Sommer schwimmen. Diese Zeit vermisse ich, denn seit der Scheidung hat meine Schwiegertochter, bei der Felix lebt, den Kontakt zu mir abgebrochen, Telefonnummer und Adresse gewechselt. Felix wenigstens einmal zu sehen, wäre mein größter Wunsch."

Der Streit der Eltern um das Sorgerecht beeinträchtigt oft auch den Kontakt zu den Großeltern. Zwar könnten die Großeltern ein Umgangsrecht juristisch einfordern, sie haben aber vor Gericht längst nicht die gleichen Chancen wie Eltern. Viele Großeltern kämpfen auf verlorenem Posten. Manche haben zwar durchgesetzt, dass sie ihre Enkelkinder einmal im Monat unter Aufsicht sehen dürfen, oft wird das aber unter fadenscheinigen Argumenten boykottiert.

Je nach Alter des Kindes ist auch kein unbefangener Umgang mehr möglich, weil Kinder in einen *Loyalitätskonflikt* zwischen ihren Eltern und ihren Großeltern geraten, denn oft wollen Kinder ihre Großeltern nicht treffen, aus Angst, ihren sorgeberechtigten Elternteil, von dem sie abhängig sind, zu verletzen. Großeltern sollten daher zuvor überlegen, was sie mit ihrer gerichtlichen Intervention bewirken und ob es ihnen klar ist, dass sie durch ihren zwar berechtigten Wunsch nach Kontakt zu ihren Enkelkindern diese in einen Loyalitätskonflikt treiben und ihr Leid damit vergrößern.

3.3 Die Großeltern-Enkel-Entfremdung

Zwischen Großeltern und Enkeln besteht oft eine enge Bindung. In vielen Familien geht der Kontakt zwischen den Generationen weit über gelegentliche Zoobesuche und Geburtstagsvisiten hinaus. Da passen Oma und Opa regelmäßig auf die Kleinen auf, sind für die Kinder Ansprechpartner, wenn es zu Hause Probleme gibt. Für beide Seiten ist es daher oft schlimm, wenn diese Beziehung plötzlich abgebrochen wird, weil ein Elternteil oder beide dem Enkel den Kontakt zu den Großeltern verbieten.

Wer auch immer an dem Streit zwischen Eltern und Großeltern schuld ist, viele Eltern setzen im Kampf um die Macht ihre Kinder als Druckmittel ein, indem sie sie ihren Großeltern entziehen und damit entfremden. Manche Konflikte gehen so weit, dass den Kindern verboten wird, ihre Großeltern auf der Straße zu grüßen. Für betroffene Kinder kann so eine Situation extrem belastend sein. Viele Eltern wissen gar nicht, was sie mit ihrem Streit bei den Kindern anrichten.

Theoretisch haben Großeltern zwar gemäß Paragraf 1685 BGB ein Recht darauf, ihre Enkel zu sehen. *„Großeltern und Geschwister haben ein Recht auf Umgang mit dem Kind, wenn dieser dem Wohl des Kindes dient“*, heißt es dort.

Doch ob der Kontakt zu Oma und Opa dem Wohl des Kindes dient, bestimmen im Zweifel die Gerichte.

Seit rund 20 Jahren setzt sich die Bundesinitiative Großeltern (BIGE) (s. u. s.132ff) dafür ein, dass Großeltern nach einer Paar-Trennung weiterhin Kontakt zu den Enkelkindern behalten, obwohl der Entfremdungsprozess wahnsinnig schnell gehe.

Marianne, 69:

„Von einem Tag auf den anderen durfte ich nicht mehr vorbeikommen, obwohl ich sechs Jahre lang die beiden Kinder meines Sohnes betreut habe. Ich weiß wirklich nicht, was mir vorgeworfen wird und warum mein Sohn und meine Schwiegertochter mir die Enkelkinder entziehen. Aber sie hüllen sich in Schweigen, lassen mich im Unklaren und reden einfach nicht mit mir. Ich schäme mich und deshalb weiß auch niemand aus meinem Bekanntenkreis von dem Kontaktabbruch."

Nicht immer werden Enkelkinder in der Folge einer Trennung oder Scheidung den Großeltern entzogen, wie Marianne es erlebt hat. Oft ist es aber so, dass bei Trennungen und Scheidungen Kinder nicht nur einen Elternteil, sondern auch ihre Großeltern verlieren.

Die Entfremdung eines Kindes von seiner Bezugsperson ist ein Bindungsabbruch und bedeutet immer Dauerstress für das Kind. Dabei handelt es sich um *seelische Gewalt*, die sich in psychosomatischen Störungen zeigen kann.

Bei der Entfremdung der Großeltern geht es oft darum, dass den Großeltern der Kontakt zu ihren Enkelkindern verwehrt wird. Es gibt viele Faktoren und Ursachen, z. B. *ungelöste Traumata oder Konflikte* zwischen den Familiengenerationen, die dazu führen, dass die Eltern der Kinder so handeln, dass sie glauben, ihre Kinder schützen oder die Großeltern „bestrafen" zu müssen. Leider leiden dann die Enkelkinder unter den Folgen.

Hier sind Beispiele für ungelöste Traumata/Konflikte, die zu einer Entfremdung der Großeltern beitragen können:

- Die Großeltern kommen zu den Schulveranstaltungen der Kinder, aber die Eltern werden aggressiv und sagen ihnen, sie sollen wegbleiben. *„Ihr habt Euch nie die Mühe gemacht, zu meinen Schulveranstaltungen zu gehen, warum also zu denen Eurer Enkel?"*
- Ein Elternteil hat kein Vertrauen in die Großeltern, weil er sich selbst enttäuscht fühlte, als er in seiner Kindheit manipuliert wurde und deshalb glaubt, dass es am besten ist, die Großeltern auf Distanz zu halten, um die Kinder zu schützen.
- Auch Rivalität zwischen erwachsenen Geschwistern führt zu Vorwürfen wie *„Ihr verbringt mehr Zeit mit den Kindern meines Bruders als mit meinen!"*

Wird ein getrenntlebendes Elternteil von seinem Kind durch den sorgeberechtigten Elternteil entfremdet, so besteht eine hohe Wahrscheinlichkeit, dass die Großeltern dieses Familienteils ebenfalls betroffen sind. Das Phänomen wird im Folgenden *Großeltern-Enkel-Entfremdungssyndrom* (GEE; englisch: Grandparental-Alientation Syndrome GAS) genannt. Aus der Forschung zu Großeltern-Enkel-Beziehung ist bekannt, dass sich eine regelmäßige, intensive Beziehung zu den Enkeln positiv auf die Gesundheit und Lebensdauer der Großeltern auswirkt.

Die wichtigsten Symptome eines Großeltern-Enkel-Entfremdungssyndroms sind:

- fortgesetzte und unbegründete Zurückweisung und Verunglimpfung der Großeltern durch Enkel,
- die Enkel entwickeln für ihre feindselige und ablehnende Haltung irrationale und absurde Rechtfertigungen, die in keinem Zusammenhang mit tatsächlichen Erfahrungen stehen,
- die Enkel übernehmen die ablehnende Haltung und die Feindseligkeit ihres sorgeberechtigten Elternteils – das betrifft die Großeltern väterlicher- oder mütterlicherseits,
- die Enkel haben weder Schuldgefühle noch Mitgefühl gegenüber den entfremdeten Großeltern, weil sie glauben, dass die abgelehnten Großeltern selbst schuld daran seien, keinen Kontakt mehr zu ihnen zu haben,
- die Enkel identifizieren sich mit Geschichten, die sie gar nicht selbst erlebt haben, sondern die ihnen offen oder subtil vermittelt worden sind.

Richard, 69:

„Unsere beiden Enkelkinder (8 und 10 Jahre) haben wir seit ihrer Geburt über alle Jahre meist mehrfach in der Woche getroffen und nicht nur mit ihnen gespielt und später ihre Hausaufgaben betreut, sondern haben mit ihnen Ausflüge unternommen und sind mit ihnen auf die Kirmes

und in Zoos gegangen. Durch die abrupte Trennung der Mutter von unserem Sohn vor 3 Jahren wurde uns Großeltern der Kontakt zu unseren Enkeln verwehrt und wir dadurch unseren Enkeln entfremdet. Bindungen und Beziehungen zwischen Großeltern und Enkeln spielten weder beim Jugendamt noch beim Gericht eine Rolle. Wir als Großeltern sind mit doppeltem Leid geschlagen: Wir sehen das Leid unseres eigenen Kindes und zugleich das Leid unserer Enkel, denen ihr eigener Vater vorenthalten und entfremdet wird."

Die Großeltern-Enkel-Entfremdung ist die schärfste Waffe im Familienkrieg und letztlich eine Konfliktverlagerung auf Unbeteiligte, genaugenommen sogar eine Missachtung der Rechte der Enkel. Es soll die Großeltern treffen und trifft unschuldige Kinder.

Miriam, 63

„Sechs Jahre lang hatte ich die beiden Kinder unseres Sohnes betreut. Von einem Tag auf den anderen durfte ich nicht mehr vorbeikommen, ohne zu wissen, warum. Systematisch haben mein Sohn und meine Schwiegertochter mir die Enkelkinder entzogen und entfremdet."

Die Ursachen für Umgangsvereitelung und Entfremdung sind so vielfältig wie die einzelnen Schicksale. Nicht immer sind neue Partner oder Scheidungen ausschlaggebend. Häufig spielen nicht geklärte Konflikte aus der Kindheit oder Jugend der Eltern eine tragende Rolle. Auch unterschiedliche Vorstellungen in Erziehungsfragen oder Eifersucht können einen Konflikt befeuern. Oft laufen Generationenkonflikte jedoch nach einem ähnlichen Muster ab: Eine Seite hat das Gefühl, von der anderen Generation nicht ausreichend respektiert und ernst genommen zu werden.

Obwohl Enkelkinder das Recht haben, Kontakt zu den Großeltern zu haben, entscheiden Erwachsene darüber. An vielen Familiengerichten wird heute nach dem sogenannten *Cochemer Modell* gearbeitet. Dabei geht es darum, beide Elternteile in die gemeinsame Verantwortung zu bringen und Bindungsabbrüche zu vermeiden. Außerhalb des Gerichtssaales findet Mediation statt, wodurch Umgangsbeschlüsse überflüssig gemacht und das Recht der Kinder in den Mittelpunkt gestellt werden.

In Selbsthilfegruppen (www.entsorgte-eltern-und-grosseltern.de) erfahre ich von „verstoßenen Großeltern", wie häufig sie leidvolle Erfahrungen mit Jugendämtern und Gerichten gemacht haben, die die Entfremdung ihrer Enkel gefördert haben und zum Trennungsschmerz hinzukamen.

Mit der bundesweiten Kampagne *„Genug Tränen"* machen „verstoßene Großeltern" auf das Entfremdungssyndrom und die Situation entfremdeter Kinder und Enkel aufmerksam. Die Kampagne will eine Änderung des Familien- und Umgangsrechts erreichen, damit Kinder nicht länger durch ein entfremdendes Elternteil vom anderen Elternteil distanziert und ferngehalten werden. Die Postulate beziehen sich auch auf die Verbesserung der Situation der entfremdeten Großeltern.

Die Forderungen der Kampagne werden auch von der Bundesinitiative Großeltern (BIGE) unterstützt. Diese

Initiative setzt sich für die von Trennung und Scheidung betroffenen Kinder ein. Sie will, dass Enkelkinder den Kontakt mit ihren Großeltern aufrechterhalten können, auch wenn sich die Eltern getrennt haben. Die Beziehung zwischen Enkeln und Großeltern ist für beide Seiten besonders wichtig. Deshalb ist die Politik aufgefordert, endlich die unmenschlichen Zustände, die sich aus dem geltenden Familienrecht ergeben, zu beenden.

Beratungsstellen empfehlen „verstoßenen Großeltern“, die Kontaktverweigerung zu den Enkelkindern nicht zu lange hinzunehmen, denn – je mehr Zeit vergehe, desto höher sei das Risiko, dass die Enkel negativ beeinflusst werden und es zu einer Entfremdung zwischen Enkeln und Großeltern komme. Man solle daher auch den baldigen Weg vor Gericht nicht scheuen, wenn alle Versöhnungsangebote ausgeschlagen wurden, denn in Deutschland hätten Großeltern ein Recht auf ihre Enkel, so dass der Richter unter Umständen entsprechende Umgangsregelungen anordnen könne. Grundsätzlich sei es wichtig, dass „verstoßene Großeltern“ in so einer Situation ruhig bleiben und nicht aufgeben. Immer wieder berichteten Großeltern, dass sie endlich wieder Kontakt zu ihren Enkeln haben dürfen.

3.4 Trauer – Chaos der Gefühle

Nicht immer gelingt es, den Entfremdungsprozess aufzuhalten oder zu vermeiden. Dann beginnt eine Trauerphase. Trauer ist das Gefühl, das sich nach einem erlittenen Verlust einstellt und Gefühlschaos verursachen kann. In dieser Trauerphase realisieren „verstoßene Großeltern", dass etwas vorbei ist und – dass ihnen etwas Wichtiges fehlt. Für sie ist der Kontaktabbruch eine schmerzhafte Kränkung. Der Verlust dessen, was lange Zeit ihr Lebensinhalt war, führt zu einer inneren Leere, einer Gefühlsverunsicherung, zu einem Verlustschmerz, der mit nichts zu vergleichen ist.

Susanne, 63:

„Ich war alleinerziehende Mutter und habe für meine Tochter alles getan, damit es ihr gut ging. Ich gebe gern zu, dass es bei uns nicht immer harmonisch und konfliktfrei zuging, aber dafür von ihr gleich die Kündigung zu bekommen, damit hatte ich nie gerechnet. Über den Kontaktabbruch meiner Tochter wurde auch die Bindung zu meinen Enkelkindern abgebrochen. Ich durchlief alle Trauerphasen: Anfangs wollte ich es nicht wahrhaben, dass meine Tochter es ernst meinte. Meine Stimmung schwankte und bewegte sich zwischen Wut, Trauer, Enttäuschung, Depression und Aggression. Inzwischen habe ich die Phase der Akzeptanz erreicht und kann die Entscheidung meiner Tochter, mich nicht an ihrem und dem Leben ihrer Kinder teilhaben zu lassen, annehmen. Durch eine ehrenamtliche Tätigkeit hat mein Leben wieder einen Sinn bekommen und die Lücke, die meine Tochter und meine beiden Enkel hinterlassen haben, können langsam geschlossen werden. Ein für andere unsichtbarer Schmerz wird aber bleiben."

Susanne beschreibt ihr Gefühlschaos nach dem Verlust ihrer Tochter und ihrer Enkel. Sie durchlebt das Auf und Ab eines echten Trauerprozesses, schafft es aber, ihren Verlustschmerz mit einer ehrenamtlichen Tätigkeit zu kompensieren, was ihrem Leben wieder einen Sinn gibt.

Ein Kind durch dessen Entscheidung zu verlieren und damit auch die Enkel, ist ein Seelenschmerz, den Betroffene als persönliche Hölle empfinden. Sie sind im Innersten getroffen, fühlen sich isoliert und irgendwie aus der Welt geworfen, sogar dann, wenn sie Trost und Zuwendung erfahren.

Ist der erste Schock des Verlassenwerdens vorbei, brechen die Gefühle bei „verstoßenen Großeltern" auf. Sie werden von wechselnden, widerstreitenden Gefühlen überrollt, haben keine Kontrolle mehr über ihre Emotionen. Wut, Angst aber auch Verzweiflung und die Frage nach der Sinnhaftigkeit des Lebens stellen ihr Bewusstsein auf eine harte Probe.

Das mit Trauer verbundene Gefühlschaos verunsichert. Starke Gefühlsschwankungen, depressive Verstimmung, plötzliche Heulattacken, Lethargie oder Rastlosigkeit verunsichern sie. Sie verstehen sich selbst nicht mehr und werden in der Wechselhaftigkeit ihrer Gefühle auch von anderen, die mit ihnen zu tun haben, nicht mehr verstanden. Das führt bei trauernden „verstoßenen Großeltern" zum Rückzug und bei ihrem Umfeld zur Vermeidung eines Kontaktes. Beides führt zur Vereinsamung.

Aber das Durchleben und Durchleiden eines Trauerprozesses ist ein Transformationsprozess. Wer ihn überstanden hat, ist ein anderer Mensch, wie das nachfolgende Märchen für Erwachsene zeigt.

„Das Märchen von der traurigen Traurigkeit“:

Es war eine kleine alte Frau, die bei der zusammengekauerten Gestalt am Straßenrand stehen blieb. Das heißt, die Gestalt war eher körperlos, erinnerte an eine graue Flanelldecke mit menschlichen Konturen.

„Wer bist du?“ fragte die kleine Frau neugierig und bückte sich ein wenig hinunter. Zwei lichtlose Augen blickten müde auf. *„Ich...ich bin die Traurigkeit“*, flüsterte eine Stimme so leise, dass die kleine Frau Mühe hatte, sie zu verstehen.

„Ach, die Traurigkeit“, rief sie erfreut aus, fast als würde sie eine alte Bekannte begrüßen. *„Kennst du mich denn“*, fragte die Traurigkeit misstrauisch.

„Natürlich kenne ich dich“, antwortete die alte Frau, *„immer wieder einmal hast du mich ein Stück des Weges begleitet.“*

„Ja, aber ...“ argwöhnte die Traurigkeit, *„warum flüchtest du nicht vor mir, hast du denn keine Angst?“ „Oh, warum sollte ich vor dir davonlaufen, meine Liebe? Du weißt doch selbst nur zu gut, dass du jeden Flüchtigen einholst und dich so nicht vertreiben lässt. Aber, was ich dich fragen will, du siehst – verzeih diese absurde Feststellung – du siehst so traurig aus?“*

„Ich...ich bin traurig“, antwortete die graue Gestalt mit brüchiger Stimme.

Die kleine alte Frau setzte sich jetzt auch an den Straßenrand. *„So, traurig bist du“*, wiederholte sie und nickte verständnisvoll mit dem Kopf. *„Magst du mir erzählen, warum du so bekümmert bist?“*

Die Traurigkeit seufzte tief auf. Sollte ihr diesmal wirklich jemand zuhören wollen? Wie oft hatte sie vergebens versucht und ...

„*Ach, weißt du*", begann sie zögernd und tief verwundert, „*es ist so, dass mich offensichtlich niemand mag. Es ist meine Bestimmung, unter die Menschen zu gehen und eine Zeitlang bei ihnen zu verweilen. Bei dem einen mehr, bei dem anderen weniger. Aber fast alle reagieren so, als wäre ich die Pest. Sie haben so viele Mechanismen für sich entwickelt, meine Anwesenheit zu leugnen.*"

„*Da hast du sicher Recht*", warf die alte Frau ein. „*Aber erzähle mir ein wenig davon.*"

Die Traurigkeit fuhr fort: „*Sie haben Sätze erfunden, an deren Schutzschild ich abprallen soll. Sie sagen ‚Papperlapapp – das Leben ist heiter', und ihr falsches Lachen macht ihnen Magengeschwüre und Atemnot. Sie sagen ‚Gelobt sei, was hart macht', und dann haben sie Herzschmerzen. Sie sagen ‚Man muss sich nur zusammenreißen' und spüren das Reißen in den Schultern und im Rücken. Sie sagen ‚Weinen ist nur für Schwächlinge', und die aufgestauten Tränen sprengen fast ihre Köpfe. Oder aber sie betäuben sich mit Alkohol und Drogen, damit sie mich nicht spüren müssen.*"

„*Oh ja*", bestätigte die alte Frau, „*solche Menschen sind mir oft in meinem Leben begegnet. Aber eigentlich willst du ihnen ja mit deiner Anwesenheit helfen, nicht wahr?*"

Die Traurigkeit kroch noch ein wenig mehr in sich zusammen. „*Ja, das will ich*", sagte sie schlicht, „*aber helfen kann ich nur, wenn die Menschen mich zulassen. Weißt du, indem ich versuche, ihnen ein Stück Raum zu schaffen zwischen sich und der Welt, eine Spanne Zeit, um sich selbst zu begegnen, will ich ihnen ein Nest bauen, in das sie sich fallen lassen können, um ihre Wunden zu pflegen. Wer traurig ist, ist ganz dünnhäutig und damit nahe bei sich.*

Diese Begegnung kann sehr schmerzvoll sein, weil manches Leid durch die Erinnerung wieder aufbricht wie eine schlecht verheilte Wunde. Aber nur, wer den Schmerz zulässt, wer erlebtes Leid betrauern kann, wer das Kind in sich aufspürt und all die verschluckten Tränen leer weinen lässt, wer sich Mitleid für die inneren Verletzungen zugesteht, der, verstehst du, nur der hat die Chance, dass seine Wunden wirklich heilen. Stattdessen schminken sie sich ein grelles Lachen über die groben Narben. Oder verhärten sich mit einem Panzer aus Bitterkeit."

Jetzt schwieg die Traurigkeit, und ihr Weinen war tief und verzweifelt.

Die kleine alte Frau nahm die zusammengekauerte Gestalt tröstend in den Arm. *„Wie weich und sanft sie sich anfühlt"*, dachte sie und streichelte zärtlich das zitternde Bündel. *„Weine nur, Traurigkeit"*, flüsterte sie liebevoll, *„ruh dich aus, damit du wieder Kraft sammeln kannst. Ich weiß, dass dich viele Menschen ablehnen und verleugnen. Aber ich weiß auch, dass schon einige bereit sind für dich. Und glaube mir, es werden immer mehr, die begreifen, dass du ihnen Befreiung ermöglichst aus ihren inneren Gefängnissen. Von nun an werde ich dich begleiten, damit die Mutlosigkeit keine Macht gewinnt."*

Die Traurigkeit hatte aufgehört zu weinen. Sie richtete sich auf und betrachtete verwundert ihre Gefährtin. *„Aber jetzt sage mir, wer bist du eigentlich?"*

„Ich", antwortete die kleine alte Frau und lächelte still. *„Ich bin die Hoffnung!"*[7]

3.5 Die Grübel-Falle und die Frage nach dem Warum

Wir lieben unsere Kinder! Sie sind ein Geschenk und bereichern unser Leben. Wir sehen sie aufwachsen und begleiten sie ins Erwachsenwerden. Sie emanzipieren sich, nabeln sich von uns ab und gründen irgendwann eine eigene Familie. Eine neue Generation betritt die Bühne des Familienlebens. Großeltern, Eltern und Kinder leben in Synergie miteinander. So will es der Plan der Evolution. Doch leider geht diese Rechnung nicht immer auf.

Was ist, wenn sich der Sohn oder die Tochter nicht nur emanzipiert, sondern – aus welchem Grund auch immer – sich abwendet und den Kontakt abbricht und damit auch den Kontakt zu den Enkelkindern? Dann beginnen „verlassene Eltern" und „verstoßene Großeltern" zu grübeln: *„Warum geschieht mir das? Was habe ich falsch gemacht?"*

Aus Beratungen und Seminaren weiß ich, dass die meisten „verstoßenen Großeltern" darunter leiden, nicht zu wissen, *warum* der Kontakt abgebrochen wurde. Das Schlimmste ist für sie dann die zehrende Ungewissheit, das ständige Grübeln und Hinterfragen, was in der Vergangenheit schiefgelaufen sein könnte, die Leere der Gegenwart und die Aussichtlosigkeit auf einen familiären Kontakt in der Zukunft.

Besonders vom Grübeln und Hinterfragen betroffen sind „verstoßene Großeltern", die ihre Kinder allein aufgezogen haben, eine enge Bindung und infolgedessen das Gefühl hatten, dass sie und ihre Kinder nichts und niemand jemals auseinanderbringen könnte. Als Schicksalsgemeinschaft meisterten sie gemeinsam schwierigste

Zeiten, mussten mit geringen finanziellen Mitteln zurechtkommen, bewältigten ganz nebenbei noch den Job, den Haushalt, die Erziehung und gegebenenfalls sogar schulische Probleme. Endlich sind die Kinder erwachsen und plötzlich wollen sie mit der eigenen Mutter nichts mehr zu tun haben.

Kein Wunder also, dass gerade „verstoßene Großmütter", die einst alleinerziehende Mütter waren, berichten, dass sie sich aufs Abstellgleis geschoben fühlen. Wenn sie Glück hatten, haben sie noch einen Brief bekommen, in dem der Kontakt als beendet erklärt wurde. Im schlimmsten Fall allerdings ohne das erklärende ‚Warum'.

Der Wunsch „verstoßener Großeltern", Gründe für den Kontaktabbruch zu erfahren, ist groß, bleibt aber meist unerfüllt. Das führt dazu, dass „verstoßene Großeltern" versuchen, selbst eine Antwort zu finden und sie fragen sich z. B.:

- *Habe ich mein Kind zu sehr geliebt und es eingeengt?*
- *Habe ich mich zu sehr eingemischt?*
- *Waren mir zu viele Dinge egal?*

Für „verstoßene Großeltern" bleibt die Suche nach dem Grund des Kontaktabbruchs ein ewiger Begleiter und doch sind sie mit ihrem schweren Schicksal oft allein, denn in der Öffentlichkeit, mit Bekannten und Freunden möchten sie nicht über ihr Problem sprechen. Zu groß ist die Angst, verurteilt zu werden, zu wahrscheinlich ist es, dass jemand falsche Schlüsse zieht und etwas sagt wie: *„Von nichts kommt nichts, da muss ja schon etwas Gravierendes passiert sein."*

Weihnachten ist eine besonders schlimme Zeit, wenn andere Familien zusammen mit den Kindern und Enkeln fröhlich feiern. Dann kommen bei „verstoßenen Großeltern“ die Erinnerungen hoch, die düsteren Gedanken, die quälenden Grübel-Attacken.

Christina, 61:

„Wir waren einst eine glückliche Familie und hatten viel Freude an unserer einzigen Tochter Isabel. Es war alles so harmonisch, ohne Probleme. Nach dem Abitur zog Isabel aus, um in einer anderen Stadt zu studieren. Mein Mann und ich halfen ihr, eine kleine Wohnung zu finden und sie nett einzurichten. Anfangs kam Isabel noch oft nach Hause. Doch dann veränderte sie sich, als sie ihren Freund kennenlernte.

Im Oktober 2018 heiratete unsere Tochter und ein Jahr später kamen unsere Enkelkinder, eineiige Zwillinge auf die Welt. Mein Mann und ich haben die jungen Eltern sehr unterstützt, sowohl finanziell wie auch durch die Betreuung unserer Enkel. Irgendwann stellten sich atmosphärische Störungen ein. Anfangs dachte ich, dass es die Überforderung der jungen Eltern war und hoffte, dass sich alles wieder geben würde. Doch als ich eines Tages versuchte, meine Tochter anzurufen, wurde ich einfach weggeklickt – immer und immer wieder. Die quälende Frage nach dem Warum blieb. Was haben wir falsch gemacht? Warum verweigert unsere Tochter jedes Gespräch und jeglichen Kontakt, auch zu unseren Enkelkindern? Diese Fragen quälten meinen Mann und mich, ohne darauf eine Antwort zu finden.“

In die nicht enden wollenden Fragen nach dem Warum mischen sich immer wieder Selbstzweifel, Gefühle von Schuld und Scham sowie die bittere Erkenntnis, isoliert zu sein.

3.6 Stigmatisierung und Scham

Die Enkelkinder nicht mehr sehen zu dürfen, kann eine traumatische Erfahrung sein, die tabuisiert und mit Scham besetzt ist.

Ein Kontaktabbruch in der Familie ist schambesetzt und immer noch ein Tabuthema, das nach außen getarnt wird. Sofern sich „verstoßene Großeltern" öffnen und äußern, bekommen sie versteckte (Vor)Urteile zu hören wie: *„Was ist denn eigentlich los bei euch?"* Das löst Selbstzweifel, Schuldgefühle, Unverständnis und Scham aus.

„Ich darf meine Enkel nicht sehen", das äußern Großeltern im geschützten Raum der Selbsthilfegruppe *„Verlassene Eltern – Verstoßene Großeltern"*. Für Betroffene ist es ein Tabuthema und oft mit Scham behaftet. Sie leiden still, machen sich viele Selbstvorwürfe und bedauern tief den erlittenen Verlust. Die häufigsten Gründe liegen in einem Streit innerhalb der Familie.

Angelika, 63:

„Ich denke täglich an meine Tochter und meine beiden Enkel, obwohl meine Tochter nach der Trennung von ihrem Mann vor drei Jahren auch den Kontakt zu mir abgebrochen hat und ihren Kindern (10 und 12 Jahre alt) den

Kontakt zu mir untersagt. In einer Selbsthilfegruppe habe ich erfahren, dass es viele Eltern gibt, deren Kinder den Kontakt zu ihnen abgebrochen haben. Im normalen Alltag begegnet man ‚verstoßenen Großeltern' kaum, weil sie den Kontaktabbruch ihrer Kinder verschweigen, aus Scham, versagt zu haben. Lange war ich verzweifelt, wütend, tief gekränkt und habe mich nach außen abgekapselt und isoliert, um meinen Schmerz zu tarnen. Innerlich war ich stets auf der Suche nach Ursache und Schuld und fragte mich, ‚was habe ich falsch gemacht, warum tut mein Kind mir das an?' Eine Antwort habe ich bis heute nicht erhalten. Hilfreich ist die Selbsthilfegruppe für mich deshalb, weil ich mich in meinem Leid von denen verstanden fühle, die Gleiches erlebt haben. Ich muss nichts erklären."

In einer Selbsthilfegruppe für „verstoßene Großeltern" findet Angelika Verständnis und kann sich ohne Scham entlasten, weil alle das gleiche Schicksal miteinander verbindet. Alle sind auf unterschiedlichste Weise betroffen, fühlen sich aber durch den Schmerz miteinander verbunden und müssen sich nicht ständig erklären.

Ich habe viele „verstoßene Großeltern" kennengelernt, die mit niemandem über ihr Leid reden konnten und sich deshalb zunächst in ihr schützendes Schneckenhaus verkrochen haben, irgendwann aber gemerkt haben, dass das auf Dauer in die Vereinsamungsfalle führt.

Viele von ihnen haben irgendwann den Weg aus ihrer Isolation und Einsamkeit herausgefunden, um in Selbsthilfegruppen ebenfalls Betroffener Rat und Austausch zu suchen, denn Kontaktabbruch ist ein Thema, über das man nicht spricht.

Kerstin, 56:

„Mir wurde irgendwann mal zugetragen, wie andere über mich als ‚verstoßene Oma' den Stab brachen ... ‚Na ja, man weiß ja nicht, was da wirklich los war. Ohne Grund passiert so etwas doch nicht.' Dieser ungerechte Vorwurf von außen traf mich zusätzlich, denn diejenigen, die sich ein Urteil über mich bildeten, hatten keine Ahnung, maßten sich aber trotzdem an, über mich zu urteilen. Ich bin viel zu früh Mutter geworden, habe in dichter Geburtenfolge zwei Kinder bekommen. Das zweite Kind starb mit 7 Monaten am ‚plötzlichen Kindstod'. Diesen Verlust haben mein Mann und ich nie verkraftet. Er führte zum Scheitern unserer Ehe und zur Überbehütung und Verwöhnung der Tochter, die mir geblieben war. Mein gluckenhaftes Verhalten hat mir meine Tochter eines Tages vorgeworfen. Ich hätte sie dadurch in ihrer eigenen Entwicklung behindert. Sie müsse sich von mir befreien, um nach ihren Vorstellungen leben zu können und ihre Kinder vor mir schützen, damit denen nicht Gleiches geschehe."

Kerstin leidet nicht nur unter dem Kontaktabbruch ihrer Tochter, sondern fast noch mehr unter den ungerechten Vorwürfen ihres Umfeldes.

Es gibt aber auch Situationen, die professionelle Unterstützung erforderlich machen, wie das nächste Beispiel zeigt.

Antonia, 67:

„Ich bin eine ‚verstoßene Großmutter'. Meine Tochter kündigte mir mit wenigen Zeilen. Eine Erklärung lieferte sie nicht. Sie erklärte aber, dass der Kontakt zu Leo, meinem 9-jährigen Enkel, nicht erwünscht sei. Zuerst war ich hilflos, wie gelähmt, dann voller Zorn, vor allem gegen mich selbst. Aus Scham zog ich mich aus dem Freundes- und Bekanntenkreis zurück. Auf die erste destruktive Phase, in der ich in Scham- und Schuldgefühlen versank und in Selbstmitleid badete, begann ich eine Gesprächstherapie, um mich mit Hilfe professioneller Unterstützung von Scham und Schuld zu befreien. Ich begann, Tagebuch zu schreiben und schloss mich einer Selbsthilfegruppe ‚Verstoßene Großeltern' an. Das hat mir geholfen, meine Scham zu überwinden."

Eltern sind keine Heiligen, sie begingen aus Unwissenheit oder Unvollkommenheit Fehler, leisteten gleichzeitig aber auch Großartiges. Sie gaben ihr Bestes, wenn es sich später für die Kinder auch nicht immer als das Beste herausstellte. Das sollten sich Eltern, die von Selbstzweifeln und Schuldgefühlen geplagt werden, stets vor Augen führen.

3.7 Chronischer Verlustschmerz – Die bleibende Lebenswunde als Folge des Verlustes

Nach Victor Hugo sind Enkelkinder die Morgenröte des Alters. In dieser besonderen Beziehung gibt es keinen Erziehungsstress, sondern das Geschenk der bedingungslosen Liebe. Ein Umgang mit allen Großeltern väterlicher- und mütterlicherseits stärkt darüber hinaus das Wohlbefinden der Enkelkinder, ihre sozialen und familiären Kompetenzen und ist eine positive Investition in die Zukunft der Gesellschaft.

Wer als Großeltern den Kontakt zu seinen Enkelkindern verliert, leidet unter dem erlittenen Verlust. Der Verlustschmerz ist eine normale Reaktion auf einen schweren Verlust. Sie alle wissen es aufgrund eigener Erfahrungen, dass Lebenswunden niemandem erspart bleiben und sie schmerzen uns am meisten, wenn sie von Menschen verursacht werden, die uns besonders nahestanden oder stehen.

Und wer von seinen Kindern oder Enkeln verlassen wird, fühlt sich verletzt, ist enttäuscht, in Herz und Seele zutiefst getroffen. Wer so etwas erleben musste, fühlt sich oder das, was er in die Beziehung eingebracht hat, entwertet. Die Folgen sind Unsicherheit und Selbstzweifel, latenter Leidensdruck und schlimmstenfalls sogar Erkrankungen.

Lisa, 56:

„Als mein Sohn den Kontakt zu mir abbrach, erkrankte ich an einer sehr schmerzhaften Gürtelrose. Ich fühlte mich wie amputiert. Es dauerte Jahre, bis ich es akzeptieren konnte, dass mein Sohn keinen Kontakt mehr zu mir wünscht. Irgendwann, nach Jahren, überwog die Vernunft, den Abbruch zu akzeptieren, weil ich mich nicht mehr verkriechen wollte. Irgendwann konnte ich sogar den totalen Abbruch annehmen, weil ich meine Ohnmacht in dieser Beziehung erkannte. Nicht darüber sprechen zu können, war für mich

das Schlimmste. Überall nur Vorurteile, Vorverurteilungen, schnelle Antworten.“

Lisa bekommt keine Antwort auf den Kontaktabbruch ihres Sohnes und muss sich demzufolge mit der Situation abfinden. Sie leidet körperlich und seelisch unter dem Verlust ihres Sohnes und ihrer Enkelkinder, den sie aber mit einer bewunderungswürdigen Haltung annimmt und erträgt. Trotzdem reagiert ihr Körper mit einer schweren Erkrankung auf die erlittene seelische Erschütterung.

Unverarbeitete Lebenswunden haben einschneidende Auswirkungen auf Lebensgestaltung und Gesundheit. Es kann sich ein *chronischer Verlustschmerz* einstellen, der sich schlimmstenfalls auch zu einer *chronischen Verbitterungsstörung* oder zu einer *Depression* entwickeln kann.

Verbitterung wird vor allem über das Scheitern des eigenen Lebensentwurfes empfunden, d. h., wenn zentrale persönliche Werte verletzt und wichtige Lebensziele nicht erreicht wurden. Großeltern, deren primäres Lebensziel darin bestand, eine intakte Familie zu haben und alles dafür zu tun, fühlen sich um ihren Einsatz und ihre Bemühungen betrogen. Sie sind zutiefst enttäuscht, in ihrem täglichen Leben beeinträchtigt, entwickeln Vermeidungsverhalten, sind gereizt, bedrückt und werden immer wieder von Erinnerungen eingeholt. Gelingt es Betroffenen nicht, die erlittene emotionale Verletzung zu überwinden, landen sie in einer *chronischen Verbitterungsstörung*, die sie dazu zwingt, das verursachende schmerzhafte, traumatische Ereignis in Gedanken immer und immer wieder zu durchleiden. Die seelische Wunde kann nicht heilen, da sie immer wieder aufgerissen wird.

Nicht jedes länger anhaltende Gefühl von Bitterkeit, Groll und Gekränktheit ist behandlungsbedürftig. Der Übergang von einer vorübergehenden Bitterkeit zu einer *chronischen Verbitterungsstörung* ist jedoch fließend. Wenn Betroffene merken, dass sie aus diesem Teufelskreis nicht von allein herauskommen, sollten sie sich dringend an einen Therapeuten wenden, um sich von Groll zu befreien.

Damit der Verlustschmerz und die Trauer über den Verlust der Enkelkinder nicht chronisch werden, ist Akzeptanz der Schlüssel für ein Leben ohne Enkelkinder.

4. Die emotionalen Folgen des Kontaktabbruchs für die Enkelkinder

Kinder brauchen ihre Großeltern, denn sie sind so einzigartig und so wichtig, weil sie die Familienvergangenheit erschließen können. Über sie erfahren unsere Kinder, wie Mama und Papa als Kind waren und mehr über deren Vorfahren. Häufig schauen Kinder sich alte Fotos an. Damit lernen sie ihre Wurzeln kennen.

Großeltern sind nicht nur eine Entlastung für junge Familien, auch im Leben ihrer Enkel spielen sie eine wichtige Rolle. Sie haben in der Regel nicht nur mehr Zeit, sondern bringen auch mehr Gelassenheit im Umgang mit ihnen mit, denn ihren eigenen Nachwuchs haben sie bereits großgezogen und mit ihnen die verschiedenen Altersphasen zum Erwachsenwerden durchlebt. Der große Unterschied zum Elternsein besteht darin, dass der Druck der Arbeitswelt und der Erziehungspflicht nicht mehr auf ihnen lasten und sie deshalb gelassener sind.

4.1 Emotionale Verunsicherung

Zwischen Großeltern und Enkeln besteht oft eine enge Bindung. In vielen Familien geht der Kontakt zwischen den Generationen weit über gelegentliche Zoobesuche und Geburtstagsvisiten hinaus. Da passen Oma und Opa regelmäßig auf die Kleinen auf, sind für die Kinder Ansprechpartner, wenn es zu Hause Probleme gibt. Für beide Seiten ist es daher oft schlimm, wenn diese Beziehung plötzlich abgebrochen wird, weil ein Elternteil oder beide dem Enkel den Kontakt zu den Großeltern verbieten.

Vielen Eltern, die den Kontakt zu ihren Eltern oder Schwiegereltern und damit zu den Großeltern ihrer Kinder abbrechen, ist nicht bewusst, was sie ihren Kindern antun, wenn sie ihnen den Kontakt zu Oma oder Opa verweigern. Da eine Bindung entstanden ist, gibt es dann immer auch einen tiefen Verlustschmerz.

Zudem haben Trennungskinder bereits eine emotionale Verunsicherung und einen schweren Verlust erlebt, indem sich ihre Eltern getrennt haben und sie deshalb ihr gewohntes Leben verloren haben. Das wirkt sich auch auf ihr Urvertrauen aus, denn für sie gehörten Papa und Mama zusammen, sie waren eine Einheit. Infolge der elterlichen Trennung erleben sie eine Gefühlsverunsicherung und lernen, dass auf nichts Verlass ist, nicht mal auf die eigenen Eltern. Auch ihr Alltag ändert sich komplett. Sie leben nur noch mit einem Elternteil zusammen, müssen evtl. umziehen und in eine andere Schule oder leben wechselweise in zwei Familien. Evtl. müssen sie sich gezwungenermaßen auch auf eine(n) andere(n) Partner(in) von Vater oder Mutter einlassen oder auf Stiefgeschwister.

Meist bricht der Kontakt der Enkelkinder zu den Großeltern im Rahmen von Trennung oder Scheidung ab oder wenn sich geschiedene Eltern von ihrem bisherigen Leben verabschieden und neu orientieren. Ganz besonders schlimm ist es für die am Konflikt unbeteiligten Enkelkinder, wenn sie aufgrund eines Streits unter den Erwachsenen oder der Entscheidung ihrer Eltern den Kontakt zu ihren Großeltern verlieren.

Nicht nur die Großeltern, sondern auch ihre Enkel, leiden, wenn der Kontakt zwischen ihnen plötzlich abbricht. Für Enkel ist es ein herber Verlust, den Kontakt zu ihren Großeltern und deren Liebe zu verlieren. Sie verstehen die Hintergründe nicht, erleben aber Verlustangst und Schmerz über die Trennung. Mit der Zeit empfinden sie Entfremdung und Misstrauen gegenüber der ganzen Familie, die wegbricht.

Enkel lieben ihre Großeltern und leiden, wenn ihnen der Umgang mit Oma oder Opa verwehrt wird. Der Kontaktabbruch zwischen Großeltern und Enkeln führt bei den unbeteiligten Enkeln immer zur emotionalen Verunsicherung, besonders, wenn sie in einen Loyalitätskonflikt geraten. Die gegenseitige Zuneigung zwischen Enkeln und Großeltern erlischt ja nicht, wenn es auf der Erwachsenenebene zu Konflikten kommt. Da aber Kinder von ihren Eltern in jeder Hinsicht abhängig sind, müssen sie bei hochstrittigen Familienkonflikten ihre Liebe zu ihren Großeltern verbergen. Sie fühlen sich unfrei und dürfen nicht erkennen lassen, dass sie Opa oder Oma liebhaben und gern sehen würden. Ihre Gefühle verleugnen zu müssen, ist psychischer Stress, der Enkel überfordert.

4.2 Verlust verbindender Rituale

Besuchen Enkel ihre Großeltern, laufen diese Besuche immer nach den gleichen Ritualen ab. Feste Rituale vermitteln das Gefühl der Verlässlichkeit. Oft gibt es Oma-Opa-Rituale, auf die sich Enkelkinder schon vor dem Besuch freuen.

Solche Rituale hängen vom Alter ab und können z. B. Spiele, gemeinsame Ausflüge oder ein Lieblingsessen sein. Bei jüngeren Enkeln sind es oft folgende:

- Zur Begrüßung sich in den Arm nehmen und knuddeln.
- Zum Mittagessen gibt es Nudeln mit Tomatensoße, Milchreis oder Pfannekuchen.
- Vor dem Schlafengehen am Besuchswochenende bei den Großeltern gibt es eine Gute-Nacht-Geschichte.
- Morgens kommen die Enkelkinder zum Kuscheln zu Oma ins Bett.

Diese Rituale vermitteln Geborgenheit. Kommt es zum Kontaktabbruch in der Familie, fallen diese verbindenden Rituale weg, die sich in der Regel von klein auf zwischen Großeltern und Enkeln herausgebildet haben und die nach einem Kontaktabbruch schmerzlich vermisst werden.

Leonie, 12:

„Seitdem Mama und Papa sich getrennt haben, darf ich meine Oma (Papas Mutter) nicht mehr besuchen. Sie ist eine richtige Kuscheloma und sie fehlt mir sehr. Mit ihr habe ich immer tolle Sachen gemacht. Am Omatag hat sie mich immer von der Kita und später von der Schule abgeholt. Bis abends bin ich dann bei ihr geblieben, bis meine Eltern mich abgeholt haben. Sie hat mich verwöhnt und mir mein Lieblingsessen gekocht und danach haben wir gebastelt, im Garten gearbeitet oder Ausflüge gemacht.

Einmal in der Woche haben wir telefoniert und am Schluss hat sie immer gesagt, ‚Tschüsschen, Küsschen, Schluss für heute.' Omi fehlt mir sehr und das, was wir immer gemeinsam gemacht haben."

Es sind viele kleine Rituale, die für die Enkel zum Leben bei Oma und Opa gehören: Wenn Enkel bei ihren Großeltern übernachten, beten sie mit ihnen vorm Schlafengehen, auf dem Weg in die Eisdiele wird kurz in der Kirche vorbeigeschaut, für Weihnachten wird Weihnachtsbaumschmuck gebastelt und für Ostern werden Ostereier bemalt und es wird Osterbrot gebacken.

Die von den Großeltern und Enkeln praktizierten Rituale prägen diese besondere Beziehung. Sie geben Sicherheit. Wenn sie aber plötzlich fehlen, fühlt sich das für beide Seiten als Verlust an.

4.3 Was bleibt, ist Erinnerung – Brief einer Enkelin an ihre kranke Oma

Prägungen sind unauslöschbar, denn *„die Erinnerung ist das einzige Paradies, aus welchem wir nicht getrieben werden können"*. (Jean Paul)

Jedes Kind kann sich sicherlich an besondere Erlebnisse mit Oma oder Opa erinnern: *„Oma hat immer…"* oder *„am tollsten war, dass Opa…"*.

Häufig werden Kinder aber so manipuliert, dass sie aus Loyalität zu ihren Eltern, vor Gericht aussagen, Oma und Opa nicht mehr sehen zu wollen. Zwei Tage später bekommen dieselben Großeltern einen Brief, in dem steht *„Oma, ich hab'dich lieb"* (s. u.: Brief einer Enkelin an ihre kranke Oma). Dieser Brief zeigt, dass gewachsene Bindungen zwar durch Kontaktabbruch zu einer Entfremdung führen können, dass aber die Erinnerung an das gemeinsam Erlebte und die dadurch entstandene emotionale Bindung letztlich unzerstörbar sind.

Liebe Oma,
Ich habe dich super Lieb und du bist mir super wichtig. Ich hoffe das es dir bald viel besser geht und du schnell gesund wirst. Ich hoffe auch das deine schmerzen nachlassen und ich wünsche mir sooo sehr das du langsam wieder was isst. Danke das du dich als ich ein kleines Kind war um mich gekümmert hast. Ich habe dich mega dolle lieb und bin dankbar das du dich um mich gekümmert hast und für mich da bist
Ich habe dich lieb
Deine
Alicia

5. Der Umgang der Großeltern mit dem Leid

Alles, was wir im Laufe unseres Lebens erleiden, hinterlässt Spuren in Form von Lebenswunden. Werden diese nicht verarbeitet, überschatten sie unser Leben und berauben uns unserer Lebensqualität und Lebensfreude. Um das zu verhindern, ist es wichtig, eine gute Form des Umgangs mit Verlusten zu finden, idealerweise eine solche, die die eigenen Selbstheilungskräfte aktiviert.

Grundsätzlich können seelische Verletzungen durch die *Aktivierung von Selbstheilungskräften* geheilt werden, die jeder Mensch in sich trägt. Der Arzt Albert Schweitzer sagte, dass jeder Kranke in seinem Inneren einen Arzt besitze. Da der Kranke dies nicht wisse oder er es nicht verstehe, diesen inneren Arzt zu aktivieren, gehe er zu einem Arzt und frage diesen, was er tun könne. Das Beste, so Albert Schweitzer, was wir selbst tun können, ist, diesem „inneren Arzt" eine Gelegenheit zur Wirkung zu geben. Das zeigt, dass wir unsere Selbstheilungskräfte nur aktivieren müssen, damit die Heilung der Seele erfolgen kann.

5.1 Selbsterkenntnis als Voraussetzung einer Selbstheilung

Wenn wir verstehen wollen, warum wir nach dem Verlust unserer Enkelkinder durch Kontaktverbot unter einem tiefen seelischen Schmerz leiden – erkennen wir, dass dieser seelische Schmerz mit dem Gefühl verbunden ist, ungerecht behandelt worden zu sein.

In meinen Beratungen und Seminaren erlebe ich immer wieder, dass „verstoßene Großeltern“ vor allem darunter leiden, dass sie sich für etwas abgestraft fühlen, ohne zu wissen, was man ihnen plötzlich vorwirft. Das erschwert die Selbstreflexion und fördert das Grübeln, das aber leider zu keinen neuen Erkenntnissen führt.

Oft sind „verstoßene Großeltern“ auch davon überzeugt, alles getan und es immer nur gut gemeint zu haben und vergessen dabei, – wie schon bemerkt – dass „gut gemeint“ nicht gut sein muss. Auch hier ist eine *kritische Selbstreflexion* gefragt, ob Ihre Kinder oder Schwiegerkinder vielleicht einiges als Übergriff oder Einmischung empfunden haben könnten.

In Familien können unbeabsichtigt Missverständnisse und Verletzungen entstehen. Indem aber geschwiegen und nicht darüber gesprochen wird, verfestigt sich der Konflikt, so dass als Fluchtweg ein „Kontaktabbruch“ die Lösung zu sein scheint. In funktionierenden Familien werden solche Konflikte angesprochen und geklärt, indem man darüber redet, Meinungen und Gefühle austauscht und sich irgendwann verzeiht.

Ich habe in Diskussionen nach Lesungen aber auch schon erlebt, dass die kontaktverweigernden Eltern der Enkelkinder erlebt haben, dass ihre Eltern in der Rolle als Großeltern so liebevoll und verständnisvoll waren, wie sie sie sich als Eltern gewünscht hätten. Plötzlich wird für sie erkennbar, was ihnen entgangen ist, obwohl sie dabei nicht realisieren, dass ihre Eltern nun älter, reifer, erfahrener und in der *Großelternrolle* sind.

Selbsterkenntnis ist wichtig, um nicht in der Opferrolle zu verharren. Manche „verstoßene Großeltern" hängen in ihrer Verletztheit fest, sie sind gefangen wie in einem Labyrinth, aus dem sie ohne Hilfe nicht mehr herausfinden. Je tiefer sie ins Innere vorstoßen, umso schwieriger wird es, einen Ausweg zu finden. Der Gedanke an diejenigen, die ihnen den Kontakt zu ihren Enkeln verweigern, wird zur Obsession.

5.2 Die Bereitschaft, sich mit Lebenswunden auseinander zu setzen

Um die entstandenen Lebenswunden zu heilen, ist es absolut notwendig, sich mit ihnen auseinander zu setzen, um sie *konstruktiv* zu heilen. Ohne die Auslöser, die sie verursachten, nicht zu erkennen, gelingt es nicht, sie zu verstehen und am Ende zu überwinden.

Aber wie kann man das bei wirklich tiefen Lebenswunden erreichen und was passiert, wenn man sich *nicht* mit seinen Lebenswunden auseinandersetzt?

Wie wichtig es ist, sich mit Lebenswunden auseinanderzusetzen, wusste bereits die mittelalterliche Gelehrte und Mystikerin Hildegard von Bingen: *„was kränkt, macht krank"*. Heute nennt man das *Psychosomatik*, eine medizinische Fachrichtung, in der seelisch verursachte, körperliche Leiden erforscht werden.

Der Arzt Michael Hammerström hatte zunächst gar nicht vor, ein Buch zu schreiben, bis ihm aufgefallen war, dass immer wieder unverarbeitete Lebenswunden die Ursache von äußerlich vollkommen unterschiedlichen Erkrankungen waren. In seinem Buch *„Die Wunden der Seele – Verarbeitung seelischer Verletzungen“*[8] zeigt er auf, dass unverarbeitete Lebenswunden zu körperlichen Erkrankungen führen können. Er erläutert, warum es für Menschen, die schwere Verluste erlitten haben, wichtig ist, sich damit auseinanderzusetzen, statt in der Vergangenheit zu verharren oder zu verdrängen.

Die Notwendigkeit der Aufarbeitung einer Lebenswunde vergleicht Hammerström mit der Bergung eines gesunkenen Schiffes, das mitten in der Fahrrinne liege. Die Fahrrinne benutzt Dr. Hammerström als Metapher für unseren eigenen Lebensweg, in der so mancher „seelischer Restmüll“ liege, der die Fahrt behindere. Statt die Fahrrinne „frei zu machen“, versuchten die meisten Menschen, die Unglücksstelle weiträumig zu umfahren, entwickelten *Vermeidungsverhalten.* Damit vermieden sie alles, was die Erinnerung an das Schreckliche aktivieren könnte und schränkten dadurch ihren Lebensraum immer mehr ein.

Immer wieder werde ich in Beratungen und in Selbsthilfegruppen, für die ich tätig bin, mit dem unsichtbaren seelischen Schmerz konfrontiert, verursacht durch den Kontaktabbruch der Kinder und der auch zum Kontaktabbruch zu den Enkelkindern führte. Diese Lebenswunde hat sich als unsichtbarer Dauerschmerz im Leben „verstoßener Großeltern“ eingenistet und beschwert deren Lebensende.

Zur Wahrheit gehört aber auch, dass nicht jeder Konflikt zu lösen und jede Lebenswunde zu heilen ist.

5.3 Die Verarbeitung des erlittenen Verlustes

„Eng war der Kontakt zu meinen Enkelkindern", erzählt Michaela. „Sie kamen früher nach der Schule zu mir. Wir feierten und spielten zusammen. Bei uns war immer was los. Umso weniger verstehe ich, wie es zu dem Kontaktabbruch kommen konnte. Es ist, als wenn ein Flugzeug abgestürzt wäre."

Andere „verstoßene Großeltern berichten, dass sie den Kontaktabbruch zu ihren Kindern und Enkeln wie einen „kalten Entzug" erlebt hätten. Betroffene leiden und haben körperliche und seelische Schmerzen, denn, wer von der Entscheidung überrascht wird, plötzlich keinen Kontakt mehr zu seinen Enkeln haben zu dürfen, empfindet das als psychische Folter und diese seelische Gewalt kann „verstoßene Großeltern" in eine fundamentale Krise treiben.

Von Kindern oder Enkeln verlassen zu werden, ist häufig eine sehr dramatische Erfahrung, die zur bleibenden Lebenswunde werden kann. Viele „verstoßene Großeltern" fühlen sich wertlos, aus dem Leben ihrer Kinder und Enkelkinder entsorgt und empfinden deshalb Scham. Da Großeltern kaum Möglichkeiten haben, an dem Kontaktabbruch etwas zu ändern, kann es nur noch darum gehen, den Verlust zu verarbeiten. Die Verarbeitung des Verlustes beginnt dann damit, ihn zu akzeptieren und den Verlustschmerz als akute Trauerreaktion anzunehmen.

Das Zerbrechen einer Familie und die damit verbundenen Veränderungen zu verarbeiten, ist keine leichte Aufgabe und zudem mit emotionalem Schmerz verbunden. Ein familiärer Kontaktabbruch bewirkt bei allen Familienmitgliedern große Verunsicherung und führt zu starken *Stimmungsschwankungen*, die zeigen, dass man sich in einer Krise bzw. in einem schmerzhaften *Trauerprozess* befindet, der erforderlich ist, um den Verlust zu verarbeiten.

Die Psychologieprofessorin Verena Kast entwickelte Anfang der 80er-Jahre ein Modell zur Verlust- und Trauerbewältigung. Es gilt als eine der wichtigsten Grundlagen für das Verständnis von Trauerprozessen.[9]

Die von Kast beschriebenen typischen Trauerphasen können unterschiedlich lang andauern und intensiv sein – doch jede Verlustverarbeitung führt früher oder später schließlich zur Akzeptanz und zu einem Neuanfang:

- *Phase 1: Schock und Verleugnung:* Das Auseinanderfallen der Familie ist zunächst geprägt von Schock und Verleugnung der Realität bzw. des Nichtwahrhabenwollens.
- *Phase 2: Gefühlsausbruch und Wut:* Jetzt brechen sämtliche Dämme. Die Verlassenen werden von Trauer, Verzweiflung und Hoffnungslosigkeit erfasst. Trauer kann sich in Wut verwandeln. Es wird verzweifelt nach einem Schuldigen gesucht.
- *Phase 3: Neuorientierung:* Den Verlassenen wird immer klarer, dass der Partner bzw. Elternteil nicht zurück kommen wird. Es beginnt eine Konfrontation mit der brutalen Wirklichkeit. Erst danach kann langsam eine Neuorientierung beginnen.
- *Phase 4: Neuanfang:* Allmählich gelingt es, die gemeinsame Vergangenheit ohne Wehmut, irrationale Wunschvorstellungen oder Hass zu betrachten. Dadurch werden Betroffene frei für ein neues Leben in anderer Konstellation.

Heute wissen wir, dass diese Phasen nicht nur die Trauerverarbeitung beim Tod eines geliebten Menschen betreffen. Sie begegnen uns bei allen Lebensübergängen, in denen es darum geht, Geliebtes, Vertrautes loslassen zu müssen.

Dieses vierstufige Modell ist wichtig, um jede gravierende Verlusterfahrung zu verarbeiten. Die einzelnen Phasen verlaufen selten lehrbuchmäßig gradlinig in dieser Reihenfolge. Es ist auch nicht möglich, Zeitangaben für eine Trennungsverarbeitung zu machen, denn jeder Mensch benötigt seine eigene Zeit, um eine Krise zu durchleben. Persönlichkeit, Alter, Lebenskonzept, das Ausmaß der Veränderungen, die Unterstützung von außen spielen dabei eine Rolle.

Seelischer Schmerz, der durch Trauer transformiert worden ist, kann zum Juwel werden. Von Richard Shanon ist dazu folgendes Zitat überliefert: *„Verwundete Austern lassen aus blutigen Wunden eine Perle entstehen. Den Schmerz, der sie zerreißt, verwandeln sie in ein Juwel.“*

Abschließend eine Anekdote vom Wunder der Perle bzw. von der Verwandlung des Schmerzes in ein Juwel:

Jede Perle entstammt einer Muschel. Es gibt nur einen Weg, auf dem eine echte Perle entstehen kann, nämlich, dass ein Sandkorn in ihren Organismus eindringt. Wenn ein Fremdkörper – beispielsweise ein Sandkorn – in das Innere einer Muschel eindringt, verletzt es sie. Muscheln sind innen weich und verletzlich und deshalb empfindet eine Muschel diesen Fremdkörper als Schmerz und reagiert darauf.

Es sind immer die Schmerzen, die dazu führen, dass die Muschel sich vor dem eingedrungenen Sandkorn zu schützen beginnt und dazu Schicht für Schicht von ihrem

Perlmutt um das störende Element legt, bis eine kostbare Perle daraus entstanden ist.

Eine Muschel, die nicht verwundet wurde, produziert keine Perlen, denn jede Perle ist letztlich eine vernarbte Wunde.[10]

5.4 Neuorientierung – Ein neues Leben beginnen

Reflexion und Verarbeitung des erlittenen Verlustes sind unbedingt notwendig, um ein neues Leben ohne Kinder und Enkel führen zu können. Eine Voraussetzung und Herausforderung ist das Loslassen.

Johanna, 62:

„Obwohl ich mir nichts sehnlicher wünsche, als wieder Kontakt zu meiner Tochter und den beiden Enkelkindern zu haben, ist mein großes Ziel, loszulassen, um etwas Neues beginnen zu können. Das bedeutet nicht, dass mir meine Tochter und meine Enkel gleichgültig sind, im Gegenteil. Statt auf das fixiert zu sein, was momentan nicht möglich ist, brauche ich das Loslassen, um mich neu orientieren und mein Leben neu ausrichten zu können."

Nachdem der erlittene Verlust durch Trauerarbeit verarbeitet worden ist, kommt es darauf an, verlorene *Lebensfreude* zurückzugewinnen und einen neuen Lebenssinn zu finden. In der Phase der *Neuorientierung* müssen

Lebensziele neu definiert, neue Perspektiven eröffnet, eigene Kräfte mobilisiert werden. Wie aber ist das möglich, wenn einem das abhandengekommen ist, was bisher der wichtigste Lebensinhalt war?

Sich anzupassen an die veränderte Umwelt, in der nun das eigene Kind und die eigenen Enkel fehlen, war ein Teil der Trauerarbeit. Am Ende des Trauerweges sollten „verstoßene Großeltern" ihrem Kind, das sie verlassen hat, einen neuen Platz in ihrem neuen Leben geben. Aus den Veränderungen des Lebens ergeben sich auch neue Aspekte und somit auch neue Chancen. Sich dafür zu öffnen heißt nicht, damit das Vergangene zu entwürdigen. Das gemeinsam Erlebte bleibt ein kostbarer, unersetzbarer Schatz.

Kati, 58:

„Ich wurde von meiner Tochter verlassen und war total down, dadurch auch keinen Kontakt mehr zu meinen beiden Enkeln zu haben. Nach der Zeit unendlicher Trauer, Wut, Enttäuschung und Depression begann ich, wieder ein aktives, für mich lebenswertes Leben aufzubauen mit einem Netzwerk sehr unterschiedlicher Freundinnen und freundschaftlicher Kontakte in der Nachbarschaft und am Arbeitsplatz. Ich bin froh, dass ich mit Unterstützung anderer meine Lebensfreude wiederentdeckt habe und auch ohne meine Tochter und meine Enkel glücklich sein kann."

Wie das Beispiel zeigt, gelingt eine Neuorientierung und das Entdecken eines neuen Lebenssinns und neuer Lebensfreude am besten denjenigen, die über soziale Kontakte verfügen und gut vernetzt sind.

Gerade in Krisenzeiten sind zwischenmenschliche Beziehungen äußerst wichtig. Sie stärken das Selbstwertgefühl und sind hilfreiche Unterstützer in Notzeiten, was aber bedeutet, dass man sich Kontakte vorher geschaffen haben muss, um in der Krise darauf zurückgreifen zu können.

Auch das soziale Engagement in einem Ehrenamt kann Sie darin unterstützen, einen neuen Lebenssinn zu finden.

Es gilt inzwischen als erwiesen, dass die Lebenszufriedenheit derer deutlich höher ist, die in der Lage sind, erlittene Verluste durch verschiedene Aktivitäten auszugleichen, z. B. durch kreatives Tun (Schreiben, Musizieren, Malen, Sport) oder durch die Übernahme einer neuen Aufgabe (z. B. ein Ehrenamt). Damit fanden sie eine neue Grundlage für ihr Leben. In der Tat sind Aktivitäten aller Art hilfreich, um einen neuen Lebenssinn und Lebensinhalt zu finden und im Nebeneffekt neue Menschen kennen zu lernen und neue Beziehungen aufzubauen.

Neue Lebensfreude kann „verstoßenen Großeltern" durch die Erschließung völlig neuer Aufgaben erwachsen. Manchmal hilft es auch, sich an frühere Interessen, vergessene Hobbys und vielleicht jahrelang brachliegende Fähigkeiten zu erinnern. Oft reicht es, sich zu fragen, was man immer einmal tun wollte und nie Zeit dazu hatte.

Carola, 61:

„Für mich war der Rückzug meines Sohnes und der Verlust meiner Enkel das Schlimmste, das mir je passiert ist, denn ich war ein richtiges Muttertier und konnte mir etwas anderes, als immer für alle da zu sein und für alle zu sorgen, nicht vorstellen. Nachdem ich das Unabänderliche akzeptiert

und Trauerarbeit geleistet hatte, besann ich mich auf eine alte Leidenschaft. Beflügelt nahm ich Reitstunden, um an Vereinsturnieren teilnehmen zu können. Daraus wiederum ergaben sich gemeinsame Feiern und andere Aktivitäten, die mir meine verschüttete Lebensfreude zurückgaben.“

Carola hat erkannt, dass sie nicht den Rest ihres Lebens trauern und in Sack und Asche gehen muss, sondern nach einer angemessenen Trauerzeit das Recht hat, sich neu zu erfinden, sich neu zu orientieren und sich ein neues Leben mit Lebensfreude aufzubauen.

Wie auch immer, das Leben geht trotz erlittener Verluste weiter – anders eben. Es geht darum, das Leben unter veränderten Vorzeichen anzunehmen, ihm eine neue Bedeutung zu geben, neue Inhalte zu suchen und anders weiterzuleben.

Monika, 67:

„Als ich erkennen musste, dass mein Sohn mich dauerhaft aus seinem Leben ausschloss und ich auch keinen Kontakt zu seinen Kindern haben durfte, habe ich mich ans Jugendamt gewandt, um ‚Leihoma‘ zu werden. Man gab mir die Adresse eines Lehrerehepaars mit 2 Kindern im Kindergartenalter, die nur 100 Meter von mir entfernt wohnten und die sich um eine Leihoma beworben hatten. Dort habe ich nun eine neue Lebensaufgabe gefunden, die mich erfüllt und bei der meine großmütterlichen Gefühle Raum zur Entfaltung bekommen haben. Ich habe eine nette Familie gefunden, die mich schätzt und mir als ‚Wahlverwandtschaft‘ nahe ist.“

Monika hat ihr Leben ohne ihren Sohn und ohne Enkelkinder akzeptiert und sich ein neues Leben und einen neuen Lebensinhalt als Leihoma geschaffen. „Verstoßene Großeltern" haben eigentlich nur zwei Optionen: Selbst einen Schlussstrich zu ziehen oder abzuwarten, bis ihre Kinder von sich aus wieder Kontakt aufnehmen, wodurch sie sich aber in eine Abhängigkeit begeben.

Am Ende dieses Prozesses, in dem „verstoßene Großeltern" sich selbst Fehlverhalten verziehen haben, können sie sich wieder auf sich selbst konzentrieren und schließlich wieder Freude am Leben finden. Das ist die Voraussetzung für die erforderliche Souveränität, um sich auch mit ihrem Kind versöhnen zu können.

Nicht immer gelingen Reflexion und Verarbeitung allein. Dann ist es hilfreich, sich Unterstützung zu suchen, um sich mit anderen Betroffenen auszutauschen. Das kann in *Selbsthilfegruppen* (s. u. Selbsthilfe) geschehen, in denen sich „Verstoßene Großeltern" in ganz unterschiedlichen Phasen der Trennung befinden und die „Neuen" in der Gruppe von den Erfahrungen derjenigen profitieren können, deren Verlust bereits eine Weile zurückliegt.

Während diejenigen, die aktuell von einem Kontaktabbruch betroffen sind, sich noch in der Schockphase befinden und den Verlust noch gar nicht richtig realisieren können, haben diejenigen, deren Verlust bereits länger zurückliegt, ihn schon gut bewältigt und verarbeitet. Gerade darin liegt der Nutzen einer Selbsthilfegruppe, denn so erkennen die neuen Gruppenmitglieder, dass es möglich ist, einen schweren Verlust zu bewältigen und dass ein Kontaktabbruch und das Ende einer familiären Beziehung nicht das Ende des Lebens sind.

Oft brauchen „Verstoßene Großeltern“ für die Verarbeitung ihres Verlustes aber auch *professionelle Unterstützung* von Therapeuten oder Beratungsstellen, um Schritt für Schritt mit ihrem alten Leben abzuschließen und zeitgleich mit der neuen Situation zurecht zu kommen. Insbesondere diejenigen, die nach Monaten der Trauer und des Schmerzes nicht über den schmerzhaften Verlust hinwegkommen, sollten über *professionelle Hilfe* nachdenken. Es ist keine Schande, sich einzugestehen, dass man Hilfe braucht. Manche Menschen sind einfach für seelische Belastungen und Trennungsschmerz anfälliger. Eine Mediation oder eine Psychotherapie können helfen, aus diesem Tief herauszukommen. Eine professionelle Unterstützung verfolgt vor allem das Ziel, Perspektiven aufzuzeigen, wie ein neues Leben aussehen könnte und wie der erlittene Verlust kompensiert werden könnte.

5.5 Die Kompensation des erlittenen Verlustes

Dass Liebe und Schmerz nah beieinander liegen, scheint in unsere DNA eingeschrieben zu sein. Seit jeher versuchen Forscher, Philosophen, Schriftsteller und Poeten mehr Licht ins Dunkle der Gefühle zu bringen. Doch es wurde noch kein präventives Mittel gefunden, das uns vor einem gebrochenen Herzen schützt.

Gisa, 65, wurde krank, nachdem ihr 33-jähriger Sohn von heute auf morgen den Kontakt zu ihr abgebrochen hat und sie damit auch den Kontakt zu ihrem Enkel Tim verlor.

„Nach dem Kontaktabbruch meines Sohnes fühlte ich mich entsorgt. Der Verlust meines Sohnes und meines Enkels ging mir förmlich unter die Haut und machte mich krank. Nach Jahren muss ich wohl erkennen und akzeptieren, dass mein Sohn sich gegen mich entschieden hat. Ich weiß immer noch nicht, wie man es schafft, mit dem Herzen loszulassen, um ein eigenes Leben mit Lebensfreude und Lebensqualität leben zu können. Als hilfreich empfinde ich es, Solidarität und Unterstützung in der Selbsthilfegruppe ‚verstoßene Großeltern' zu bekommen. Meine Lebenswunde wird dieser Verlust immer bleiben, mit der Zeit wird die Wunde aber vernarben. Inzwischen lerne ich, mit dem Verlust zu leben wie mit einer körperlichen und seelischen Behinderung oder wie mit einem Phantomschmerz."

Gisa hat durch den Kontaktabbruch ihres Sohnes zwar eine schmerzhafte Lebenswunde zurückbehalten, aber über den Kontakt mit ebenfalls „verstoßenen Großeltern" Möglichkeiten gefunden, wie sie mit ihrem Schicksal umgehen kann, ohne in Sack und Asche gehen zu müssen.

Dagmar, 61:

„Lange Zeit war ich wie gelähmt. Der Vorwurf meiner Tochter, mich nicht genug um sie gekümmert zu haben, hat mich tief verletzt, weil ich alles für sie getan und ihr meine ganze Liebe gegeben habe. Ich wurde schwer krank, entwickelte Bronchialasthma, wodurch sich wahrscheinlich mein seelischer Schmerz ausdrückte. Ich habe lange gebraucht, um den Schritt meiner Tochter und den Verlust meines Enkelkindes zu akzeptieren und Trauerarbeit geleistet, um mein

Schicksal annehmen und mit ihm weiter leben zu können. Irgendwann hatte ich genug von dieser ständigen emotionalen Zwickmühle aus Selbstvorwürfen, Schuld und Scham und gründete eine Selbsthilfegruppe."

Das Beispiel zeigt, wie Dagmar zuerst erkrankt, sich später aber aus Selbstvorwürfen, Schuld und Scham befreit, indem sie kreativ und initiativ wird und eine Selbsthilfegruppe gründet.

Für leidende, „verstoßene Großeltern" geht es letztlich darum, wie sie mit ihrem Verlustschmerz umgehen. Manche entdecken als Kompensation des Verlustes, mit fremden Kindern (Wunsch-Enkelkindern) umzugehen, ihnen Aufmerksamkeit und Liebe zu geben und dafür geliebt zu werden.

Das Alter der *Wunsch-Enkelkinder* reicht vom Baby oder Kleinkind bis zum Teenager. Wer sich für das Engagement für Wunsch-Enkel entscheidet, sollte sich zuvor darüber klar sein, dass es sich um ein langfristiges Engagement handelt, damit sich die Beziehung zwischen den Generationen über mehrere Jahre entwickeln kann. Wunschgroßeltern sind kein kurzfristiger Kinderbetreuungsdienst, sondern eine Aufgabe mit der Möglichkeit, zu Wahlverwandten zu werden.

Wunschgroßeltern werden kann man über *Großelternpatenschaft.* Es ist ein unbezahltes Ehrenamt. Senioren und Familien werden aktiv begleitet, vor jeder Vermittlung gibt es Vorgespräche mit beiden Seiten. Senioren und Familien, die interessiert sind, können sich beim Jugendamt, bei kirchlichen Familienbildungsstätten oder Seniorenorganisationen melden. In allen Regionen Deutschlands werden auch per Internet ehrenamtliche Paten-Opas oder Paten-Omas gesucht, die eine Familie vor Ort unterstützen, den Kindern vorlesen, mit ihnen spielen oder auf sie aufpassen. Auf Wunsch begleiten Wunschgroßeltern bzw. Großelternpaten ihre „neue Familie" auch darüber hinaus, indem sie bei Schul- und Erziehungsproblemen helfen. Sie unternehmen etwas mit den Kindern oder der ganzen Familie und können auch Ansprechpartner für Eltern sein. Es entstehen intensive und neue Beziehungen, die den Alltag sehr bereichern.

Eine Großelternpatenschaft bedeutet:

- Begleitung von Kindern und Familien durch aktive Ehrenamtliche (ca. 1x wöchentlich für 3–4 Stunden)
- Großelternerlebnisse genießen
- Kontakt zu 3 Generationen
- Begegnung und Spaß
- Unterstützung im Alltag
- Vertrauensvolle und sinnstiftende Aufgabe

Verschiedene Einrichtungen und Vereine vermitteln *Großelternpatenschaften*, z. B. kirchliche Einrichtungen der Erwachsenenbildung (Familienbildung). Während des ehrenamtlichen Engagements werden Großelternpaten regelmäßig geschult.

Manche „verstoßene Großeltern" engagieren sich auch als *Lesepaten*, um die Lesekompetenz von Kindern aus bildungsfernen Milieus zu fördern, also Leseförderung zu betreiben.

Lesepaten gehen jeweils für eine oder mehrere Stunden in Schulen, Vorschulen, Kindertagesstätten, Bibliotheken oder auch an andere Leseorte, lesen dort entweder vor, lesen gemeinsam mit den Kindern oder lassen sich von Kindern (Schülern) vorlesen. Je nach Zielrichtung arbeiten Lesepaten entweder wie bei einer Patenschaft über längere Zeit mit demselben Kind beziehungsweise derselben Gruppe von Kindern oder sie arbeiten in offener Form mit wechselnden Kindern. Schwerpunkte der Leseförderung sind Kinder im Vorschul- und Schulalter, aber auch Kindergartenkinder, Kleinkinder oder junge Erwachsene können gefördert werden. Einige „verlassene Großeltern" engagieren sich auch bei der Integrationshilfe, indem sie Migrantenkindern die deutsche Sprache spielerisch beibringen.

Elisabeth, 72:

„Ich bin zweifache Oma und habe über das Schreiben eines Enkeltagebuches versucht, mit meiner Trauer um den Verlust meiner Enkelkinder klarzukommen. Ich dachte mir, dass meine beiden Enkelinnen vielleicht eines Tages fragen werden, ‚wo ist eigentlich die Mama vom Papa' – also ich? Später hat mich eine Bekannte spontan gefragt, ob ich Lust hätte, ihre Enkelkinder mit zu betreuen. Mit diesen ‚Ersatz-Enkelkindern' ist mir eine erfüllende Aufgabe zugefallen, die meinen Verlustschmerz kompensiert."

Das Zulassen, Erleben, Ausdrücken aller Gefühle nach einem schweren Verlust und schließlich die Umwandlung der Trauer in eine neue Lebensperspektive und die Nutzung all dieser Erfahrung für die Zukunft ist ein schwieriger, aber notwendiger Weg, an dessen Ende es darum geht, die Realität zu akzeptieren.

6. Behutsamer Neustart nach Jahren der Trennung

Ein Neuanfang nach jahrelangem Kontaktabbruch ist grundsätzlich immer möglich. Dabei gilt es aber, sich mit der Vergangenheit zu befassen, um zu ergründen, was zur Schieflage der Beziehung führte. So kann ein Kontaktabbruch auch dazu verhelfen, dass sich durch die erzwungene Distanz beide Seiten der Probleme bewusstwerden, die schon zuvor die Beziehung belastet haben.

Ein Neustart nach einem Kontaktabbruch kann nur dann erfolgreich sein, wenn alle Beteiligten Bilanz ziehen, die Perspektive wechseln, um den oder die Gründe für den Kontaktabbruch zu erkennen und unter gedanklicher Einbeziehung der jeweils anderen Seite die Geschehnisse der Vergangenheit neu zu bewerten. Eine *Neubewertung der Vergangenheit* kann auch dazu verhelfen, die Opferrolle abzulegen. Das gilt für Großeltern *und deren* Kinder.

Damit es für beide Konfliktparteien möglich ist, das Trennende zu überwinden und zur Gemeinsamkeit zurückzufinden, ist es nötig, die Beziehung zu klären, Verständnis füreinander zu entwickeln, den Schmerz des Anderen anzuerkennen und die Beziehung neu auszurichten.

Konstruktiv kann ein Neuanfang nach einem Kontaktabbruch dann sein, wenn er dazu führt, dass beide Seiten die Distanz dazu genutzt haben, darüber nachzudenken, wie sie auf einem neuen Weg bzw. auf einer anderen Ebene einander wieder begegnen können. Hilfreich ist dabei der Gedanke, dass kein Mensch fehlerfrei ist, man sich selbst und anderen vieles verzeihen muss und es nur dann Wege zurück zu einer wertschätzenden Beziehung gibt, wenn man die Opfer- und Vorwurfshaltung aufgibt und den Blick nach vorne richtet auf eine Zukunft in gegenseitiger Achtung und Akzeptanz.

Beim Neustart nach Jahren der Trennung sind folgende Szenarien möglich:

1. Der Konflikt wurde einvernehmlich gelöst

Nach einem Konflikt mit einem jahrelangen Kontaktabbruch geht es darum, einen behutsamen Neuanfang zu finden, damit die Verhaltensmuster, die zum Konflikt geführt haben, nicht erneut zur Störquelle werden können. Es müssen Regeln des Umgangs miteinander vereinbart werden. Darüber hinaus sollte allen Beteiligten klar sein, dass es nicht möglich ist, unmittelbar an der Situation vor dem Konflikt anzuknüpfen.

2. Trotz Konfliktlösung bleibt das Vertrauen beschädigt

Trotz eines erfolgreichen Prozesses der Konfliktlösung einschließlich der Bekundungen von Bedauern und Verzeihen kann demjenigen, der unter einem Vertrauensbruch gelitten hat, ein Neuanfang schwerfallen oder sogar unmöglich sein. Dann ist beim Versuch, neues Vertrauen aufzubauen, sehr viel Geduld erforderlich. Es bedarf vertrauensbildender Maßnahmen. Anfangs kann es sich dabei lohnen, dem anderen besonders viel Aufmerksamkeit zuteilwerden zu lassen, um ihm zu zeigen, wie wichtig er ist.

3. Der Konflikt wurde nicht gelöst

Ganz besonders schwierig gestaltet sich ein Neuanfang, wenn die Gesprächsebene wegen eines Kontaktabbruchs nicht mehr gegeben ist. Grundsätzlich geht einer vorsichtigen Wiederannäherung nach einem Kontaktabbruch meist ein schriftlicher Versuch der Kontaktaufnahme voraus. Wer den Weg wählt, über einen Brief oder eine E-Mail vorsichtig Kontakt wieder aufzubauen, kann nur dann erfolgreich sein, wenn ehrliches Bedauern erkennbar ist und auf Vorwürfe verzichtet wird. Wichtig ist es, dem Gekränkten zu zeigen, dass man selbst auch unter den Geschehnissen leidet und sich wieder friedliche, vertrauensvolle Verhältnisse wünscht.

Eine Wiederannäherung gestaltet sich aber oft schwierig, wenn es nach langem Kontaktabbruch zu einer *Entfremdung* gekommen ist. Dann sind besonders der feste *Wille und Geduld* erforderlich, um sich einander behutsam anzunähern.

6.1 Rückblende – Reflexion der Vergangenheit

Bei familiären Konflikten, die zum Kontaktabbruch geführt haben, ist es erforderlich, die Vergangenheit – insbesondere den Einfluss aus Kindheitserfahrungen – zu reflektieren, um schädliche Verhaltensmuster nicht zu wiederholen.

Die schweizerischer Psychoanalytikerin Alice Miller (1923–2010) hat sich in diversen Publikationen über die Auswirkung der Kindheit auf das Leben als Erwachsener geäußert. Miller geht z. B. davon aus, dass in der Kindheit erfahrene Demütigungen später an andere weitergegeben werden. Sie vertritt die Auffassung, dass das Erkennen und Verstehen der eigenen Erfahrungen notwendig sei, um Wiederholungen zu vermeiden.

Zentral ist, dass die Auswirkungen der eigenen Erziehung bewusst gemacht werden müssen, um nicht all das zu wiederholen, was einem selbst in der Erziehung widerfahren ist.

Aber es sind natürlich nicht nur frühere Demütigungen, die unser Erwachsenenleben prägen. Wir haben in unserer Kindheit auch erfahren, wie unterschiedliche Geschlechter miteinander umgehen, wieviel Autonomiestreben als akzeptabel erlebt wird, wie sich Scheidungserfahrungen ausgewirkt haben, wie und ob Wertschätzung und Ermutigung gegeben wurden. Erfahrungen der Vergangenheit, die wir in uns tragen, bilden den psychischen Hintergrund, vor dem wir die Gegenwart erleben und gestalten.

Es geht bei der Reflexion der eigenen Vergangenheit nicht nur darum, Schwächen zu entdecken und sich von den Fesseln der Vergangenheit zu befreien, sondern es geht auch darum, in der Auseinandersetzung mit dem transgenerationalen Erbe Stärken und verschüttete Kompetenzen wahrzunehmen.

Die meisten Menschen entwickeln schon als Kinder eine unbewusste Loyalität zu ihren Eltern und ihrer Familie. Statt ihren eigenen Weg zu gehen, bemühen sie sich, unerfüllte Träume früherer Generationen umzusetzen oder sie für erlittene Entbehrungen zu entschädigen. In dem Wunsch, den eigenen Kindern bessere Eltern zu sein, werden diese Wunden häufig an die nächste Generation weitergegeben. Erst durch das Entschlüsseln und Auflösen familiärer Muster und Aufträge wird es möglich, sich davon zu befreien und sie nicht an die nächste Generation weiter zu geben.

6.2 Konfliktanalyse

Sofern man durch Rückblende und Reflexion der Vergangenheit schwierige Konfliktmuster aufgedeckt hat, z. B. passiv-aggressives Verhalten, Konfliktscheue oder Sturheit, ist eine Konfliktanalyse notwendig, um dysfunktionale Reaktions- und Konfliktmuster zu erkennen. Nur so ist es möglich, zu Lösungen zu kommen.

6.2.1 Erkennen dysfunktionaler familiärer Reaktions- und Konfliktmuster

In dysfunktionalen Familien existiert kein Zusammenhalt, keine Liebe, Fürsorge oder Verbundenheit in dem Familiengefüge. In der Regel liegt ein gestörtes Verhältnis mit einzelnen oder mit allen Familienmitgliedern vor. Dementsprechend chaotisch und destruktiv sind auch die familiären Reaktions- und Konfliktmuster solcher Familien (vgl. Teil II – 1.9: Zerrüttete dysfunktionale Familienverhältnisse).

In der familiären Konfliktberatung erlebe ich immer wieder, wie sich Konflikte von kleinen Meinungsverschiedenheiten bis zu unüberbrückbaren Differenzen entwickeln. Aus einmaligen Aktionen bilden sich häufig im Laufe der Zeit negative Verhaltensmuster aus, die sich nur langsam und manchmal gar nicht wieder auflösen. Das ist für alle Beteiligten belastend.

Jeder Mensch hat ein unbewusst familiär geprägtes Reaktions- und Konfliktmuster, mit dem er spontan auf Herausforderungen reagiert. Die einen haben es in ihren Familien gelernt, Wünsche und Bedürfnisse offen anzusprechen und Probleme direkt und offensiv anzugehen, die anderen haben es gelernt, indirekt zu reagieren. Sie reden z. B. laut mit sich selbst (damit es der Andere trotzdem mitkriegt) oder hüllen sich in beleidigtes Schweigen. Besonders gut lässt sich das in Partnerschaften beobachten, in denen das erlernte familiäre Konfliktmuster angewandt wird.

Um dysfunktionale familiäre Reaktions- und Konfliktmuster zu verändern, muss man sie zuvor erkennen. Sie zu identifizieren ist oft nicht einfach, weil viele Menschen diesbezüglich konditioniert und insofern betriebsblind sind.

Deutliche Erkennungsmerkmale sind:

- Man erlebt immer und immer wieder das gleiche Verhalten oder hört die gleichen Aussagen des Gegenübers in einer Situation.
- Man ärgert sich dabei innerlich und antwortet auf dieses Verhalten auch immer in der gleichen Weise – nur vielleicht etwas genervter, heftiger oder mit anderen Worten.
- Es fällt zunehmend schwer, die andere Person bei Sachdiskussionen anders als durch eine bestimmte Brille zu betrachten: z. B. ich = Opfer, er = Täter.
- Im Kontakt mit der Person stellen sich sofort negative Gefühle wie Frust ein, man hat den Wunsch wegzu-

laufen, den anderen nicht ernst zu nehmen oder in die Blockadehaltung zu gehen.
- Es fällt schwer, auf den oder die andere zuzugehen.

Der Schlüssel, um aus einem dysfunktionalen Reaktions- und Konfliktmuster auszusteigen, besteht nicht darin, zu klären, wer Recht hat, sondern darin, die gegenseitigen Bedürfnisse und Erwartungen transparent zu machen, denn häufig liegen dysfunktionalen Mustern unerfüllte Erwartungen oder Bedürfnisse zugrunde. Dabei kann es beispielsweise um das Fehlen von Wertschätzung, Zuwendung, Freiraum oder aber auch Sicherheit gehen.

Durchbrechen lässt sich der Teufelskreis dysfunktionaler Muster nur durch folgende Fragen:

- Was will ich eigentlich für mich erreichen?
- Welche Erwartungen habe ich an den Anderen?
- Wem oder was nützt es, wenn dieser Konflikt so weitergeht?

Danach kommt der schwierigste Teil. Was für die eine Partei des Konflikts gilt – nämlich bestimmte Erwartungen und Bedürfnisse – gilt natürlich auch für die andere Seite. So besteht ein Teil der Klärung auch darin, Hypothesen aufzustellen, was zu der erlebten Reaktion des Gegenübers geführt haben mag. Es ist also zu klären:

- Welche Annahmen habe ich, warum mein Konfliktpartner konkret so handelt?
- Welche Gründe könnte sie/er haben? Habe ich schon ähnliche Erfahrungen mit dieser oder anderen Personen gemacht?

- Wenn ich an seiner/ihrer Stelle stünde, welche Bedürfnisse hätte ich?

Viel schwieriger, als eigene Problemzonen und familiäre Konfliktmuster zu identifizieren, ist es, transgenerationale Konflikte zu erkennen.

6.2.2 Erkennen transgenerational weitergegebener Konflikte

Bei transgenerational weitergegebenen Konflikten oder Traumata geht es um die Übertragung und den Einfluss von emotionalem Schmerz von Menschen von der einen auf die andere Generation (vgl. Teil I – 2.2 transgenerationale Traumatisierung).

Oft ist nicht mal mehr der Grund, der zum Konflikt oder zum Kontaktabbruch führte, klar. Zu beobachten ist, dass die Konfliktunfähigkeit der Großeltern oder Eltern in der Kindergeneration ebenfalls mit Kontaktabbruch gelöst wird, obwohl das keine Lösung, sondern eine Kapitulation ist. Trotzdem ist es ein bekanntes Muster, das sich unreflektiert fortsetzt.

Alexandra, 36:

„In meiner Familie gab es bereits bei meinen Großeltern den Kontaktabbruch mit ihren Familien. Ich glaube, es ging ums Erbe. Bei meinen Eltern habe ich ebenfalls gesehen, dass sie mit ihren Geschwistern im Konflikt waren. Auch da ging es um Benachteiligung beim Erben. Auch sie haben deshalb zu ihren Familien den Kontakt abgebrochen.“

Bleiben familiäre Konflikte unverarbeitet, können sie transgenerational weitergegeben werden. Das zeigt sich z. B. in Reaktionsweisen, Vermeidungsverhalten oder Umgang mit emotionaler Nähe und Distanz. Die für die Kinder daraus resultierenden unbewussten Stressreaktionen, Konflikte und emotionalen Belastungen werden wiederum oft an deren Kinder weitergegeben.

Auch kann sich eine dunkle und schwere Stimmung des Schweigens über der Familie ausbreiten und Schuldgefühle auslösen, die nicht erklärt werden können. Viele Kinder oder Enkel leiden unter Depressionen, sind von diffusen Ängsten geplagt, fühlen Hilflosigkeit, Scham, tiefe Verunsicherung, eine Verlorenheit in der Welt oder unterdrückte Wut. Manche haben wiederkehrende, belastende Träume, die sie zeitlich mit der Eltern- oder Großelterngeneration in Verbindung bringen.

Auch Kontaktabbrüche haben fast immer einen transgenerationalen Hintergrund: Die Bindungsmuster und die daraus resultierenden Beschädigungen gehen über Generationen hinweg. Dasselbe Thema, der Mangel an Bindung, zieht sich durch alle Generationen und wirkt über Generationen weiter.

Auch Vernachlässigung und Gewalt werden transgenerational weitergegeben. Wer während seiner Kindheit vernachlässigt wurde oder Gewalt erlebte, leidet nicht nur selbst ein Leben lang unter den Folgen, dieser Teufelskreis kann sich sogar über Generationen fortsetzen, von den Eltern zu den Kindern und zu den Kindeskindern. Er wird quasi vererbt.

Transgenerational weitergegeben wurde auch die nationalsozialistische Erziehung mit dem Anspruch, hart wie

Krupp-Stahl zu sein. Diese als Kind erlittenen Gewalterfahrungen hatten Folgen auf das Leben dieser Kinder, auf ihre Elternkompetenz und ihre in Teilen zerstörte Emotionalität, für die die nachkommenden Generationen keine Erklärung finden konnten.

Aus der Forschung zu Holocaust-Überlebenden weiß man, was das Schweigen über schlimme Erlebnisse auslösen kann: Bei ihren Kindern oder sogar noch bei späteren Generationen können psychisch bedingte Krankheiten auftreten, erhöhte Stressanfälligkeit, Angststörungen oder Depressionen. Dies betrifft auch Opfer politischer Verfolgung in der sowjetischen Besatzungszone und in der DDR.

1976 erschien das Buch „Kindheitsmuster"[11] von Christa Wolf. Die DDR-Schriftstellerin beschrieb darin die Geschichte einer Frau, die in der Zeit von Nationalsozialismus und Weltkrieg aufgewachsen und 1947 aus ihrer Heimat im späteren Polen vertrieben worden war. Sie beschreibt die tiefe Verletzung der Psyche durch schreckliche Kriegs- und Fluchterlebnisse. Diese Traumata werden bis ins Erwachsenenalter hinein und später an die eigenen Kinder übertragen. Diese Weitergabe an die nächste Generation geschieht vor allem dann, wenn die Erlebnisse totgeschwiegen wurden – aus Scham, aus Angst oder weil sie von dem herrschenden politischen System für tabu erklärt worden waren.

Psychologen, Psychotherapeuten und Soziologen sind sich darin einig, dass z. B. die Kriegsenkel oft unter den Erlebnissen und Erfahrungen ihrer Eltern und Großeltern leiden.[12] Sie werden davon heimgesucht, und zwar frei nach dem Alten Testament, 2. Buch Mose, „bis ins vierte Glied".

Für betroffene Kriegsenkel besteht – solange ihre Eltern und Großeltern noch leben – die letzte Chance, die Ursachen für Gefühlsdefizite und Beziehungsstörungen oder Ängste zu klären, um dabei auch ihr eigenes Verhaltensmuster zu ergründen.

Margot, 83:

„Meine Eltern und Großeltern wurden aus Stettin vertrieben, das vor dem Krieg zu Deutschland gehörte. Wir bekamen in einem kleinen Ort im Münsterland eine Wohnung zugewiesen, wo ich meine Kindheit verbrachte und später meinen Mann kennenlernte. Als er mich seinen Eltern, angesehenen Bauern mit beachtlichem Anwesen, vorstellte und die erfuhren, dass wir Flüchtlinge und auch noch protestantisch waren, spürte ich förmlich, wie ihr Daumen nach unten zeigte. Bevor wir heiraten durften, musste ich zum katholischen Glauben konvertieren. Obwohl ich mich unterordnete und anpasste, wurde ich von der Familie meines Mannes verächtlich und ablehnend behandelt. Meine Leiden endeten erst mit dem Tod meiner Schwiegereltern. Ich beobachte an meiner Tochter, die ganz anders aufgewachsen ist als ich, dass auch sie – wie einst ich – sich in ihrer Ehe angepasst und unterwürfig verhält, obwohl sie Akademikerin und ihrem Mann mindestens ebenbürtig ist."

Das Gefühl „geduldet" zu sein, ist eine Demütigung, die das Selbstbewusstsein beschädigt und zur Unterordnung, zur Anpassung und zur Unterwürfigkeit führt. Margots Tochter ist kein Flüchtlingskind, die Demütigung ihrer Mutter, von der die Tochter nichts weiß, scheint transgenerational weitergegeben worden zu sein.

Millionen Flüchtlinge hatten im Nachkriegsdeutschland das Schicksal, in der neuen Heimat nicht willkommen zu sein und für Kinder traditioneller Familien galt es als Tabubruch, eine(n) Partner(in) aus einer Flüchtlingsfamilie zu heiraten. Sowohl in ihren Familien wie auch im sozialen Umfeld waren diese Verbindungen nicht gern gesehen.

Diejenigen, die heute Großeltern sind, haben als Kind Krieg und Nachkriegszeit miterlebt und unter vielen Entbehrungen gelitten, auch unter emotionalen. Die Kriegs- und Nachkriegsjahrgänge tragen einen großen Leidensrucksack mit unerträglichem Leid und schrecklichen Erziehungsmaßnahmen der „schwarzen Pädagogik". Sie litten unter emotional unzugänglichen, durch den Krieg emotional deformierten Kriegseltern und hatten kaum Nähe oder Bindung.

Tatsächlich ist es so, dass manche der seelischen Verletzungen, die wir mit uns herumtragen, die seelischen Wunden unserer Eltern oder Großeltern sind, die in uns Spuren hinterlassen haben und die sogar Symptome verursachen, als hätten wir selbst das traumatische Erlebnis erlitten: Albträume, Depressionen, Gefühle übernommener Trauer, Hilflosigkeit, Schuld oder Scham. Daneben finden wir auch ererbte Lebensgefühle, Selbstüberzeugungen oder ererbte Weltbilder, die dem eigenen Weltbild entgegenstehen. Aber nicht nur kollektive Traumatisierung, sondern auch jede unverarbeitete seelische Wunde kann weitergegeben werden. Konkret heißt dies, dass individuelle Erfahrungen von bspw. einem lebensbedrohenden Naturereignis, einem schweren Unfall, erlittener Gewalt genauso weitergegeben werden können wie kollektive Traumata durch Genozid, Flucht, Vertreibung oder schlimme Kriegserlebnisse. Die meisten Betroffenen spüren zwar, dass die Symptome nicht zu ihrer eigenen Lebensgeschichte passen, die hiermit verbundenen Gefühle sind deshalb aber nicht weniger stark.

Was man nicht bewältigt, wiederholt sich. Die Wiederholung ist die häufigste Form und die Reinszenierung, d. h., was man selbst nicht bewältigt hat, das wiederholt man bei den eigenen Kindern. Das kennt man auch von Gewalterfahrungen. Wenn man selbst geprügelt worden ist, fehlt die Hemmschwelle, körperliche Gewalt als Erziehungsmittel einzusetzen. Hinzu kommt noch die Verinnerlichung religiöser Glaubenssätze, z. B. *„wen Gott liebt, den züchtigt er“*, Gewalt als legitimes Erziehungsmittel anzusehen.

Wie aber ist es möglich, ererbte Wunden zu erkennen und zu heilen?

Eine Weitergabe ererbter Wunden kann man vermeiden durch Therapie. Die Psychiaterin Katharina Drexler beschäftigt sich in der therapeutischen Arbeit mit der transgenerationalen Traumatisierung und thematisiert es auch in ihren Büchern *„Ererbte Wunden erkennen“* und *„Ererbte Wunden heilen“*.[13]

In einem Interview offenbart die Psychiaterin, davon überzeugt zu sein, dass AutorInnen, ForscherInnen und WissenschaftlerInnen sich immer auch aus einem persönlichen Motiv heraus mit bestimmten Themen besonders intensiv beschäftigen. Dass das Thema „ererbte Wunden“ ihr Herzensthema geworden sei, habe vermutlich damit zu tun, dass sie die Tochter eines traumatisierten Vaters sei und im Selbstversuch erlebt habe, wie erleichternd es sich anfühle, wenn eine ererbte Wunde heile.

Ererbte seelische Wunden sind in der Psychotherapie behandelbar und heilbar, denn nur, was wir kennen, können wir erkennen und nur, was wir erkennen, können wir heilen. Daher ist es für Menschen, die eine ererbte Wunde in sich tragen, von großer Bedeutung, sich mit Hilfe einer Therapie mit ererbten Wunden vertraut zu machen.

6.3 Konfliktlösung

Familiäres Zusammenleben ist oft durch zahlreiche Konfliktsituationen gekennzeichnet. Übliche Strategien wie Verdrängung, Verschiebung, Dominanz und Konfrontation sind dabei langfristig erfolglos, weil sie zu offenem oder verstecktem Widerstand und blockierter Kommunikation und am Ende zum Kontaktabbruch führen.

Zwei Wege sind auszuschließen, denn sie helfen nicht, mit Konflikten umzugehen, und zwar erstens das *Verdrängen* und *Vermeiden* des Konfliktes: Man leugnet den Konflikt und stellt sich ihm nicht. Aber der verdrängte Konflikt lähmt uns in der Beziehung und verdunkelt sie. Auch der zweite Weg ist ein Irrweg, denn er besteht darin, den Konflikt aggressiv auszutragen. Das kann zu häuslicher Gewalt führen und ist deshalb keine Option.

Wie aber ist es möglich, angemessen mit Konflikten umzugehen?

Der erste Schritt, angemessen mit Konflikten umzugehen, besteht in der Erkenntnis, um welche Art von Konflikt es sich handelt. Handelt es sich um einen *Zielkonflikt*, um einen *Interessenkonflikt*, um einen *Verteilungskonflikt* oder ist es ein *persönlicher Konflikt*, weil alte Verletzungen und Empfindlichkeiten aufeinanderprallen?

Der zweite Schritt besteht darin, den Konflikt zu beschreiben. Was ist der genaue Konfliktpunkt? Dabei sollte auf Bewertungen verzichtet werden. Jeder darf seine Erfahrungen und seine Gefühle zum Ausdruck bringen. Es geht nicht darum, wer im Konflikt Recht hat, sondern um ein Ernstnehmen der Gefühle aller Beteiligter.

Teilen Sie sich in einem Konfliktgespräch in der Ich-Botschaft mit: *„Ich empfinde das als ungerecht. Mir tut das weh.“* Damit greift man den Konfliktpartner nicht an, sondern informiert ihn lediglich über die eigene Sichtweise, über die eigenen Gefühle und Interessen. Dann kann der Andere seine Sichtweise darlegen und seine Interessen, die ihm wichtig sind. Dabei ist es wichtig, empathisch zuzuhören, anstatt sofort mit Gegenargumenten zu kontern. Wichtig ist auch, statt das Gesagte zu relativieren, den Schmerz des Anderen anzuerkennen und zu bedauern: *„Es tut mir leid, ich habe gar nicht gemerkt, dass ich Dich verletzt habe. Verzeih mir bitte!“*

Erst wenn jeder seine Sichtweise klar dargestellt hat, geht es darum, gemeinsam zu überlegen, wie mit dem Konflikt umgegangen werden soll. Auf keinen Fall darf es bei der Konfliktlösung Sieger und Verlierer geben. Sie könnten Vorschläge machen: *„Bist Du damit einverstanden, dass wir es wie die Stachelschweine machen sollten, die Nähe zu suchen, um einander zu wärmen und den Abstand einzuhalten, um uns nicht gegenseitig zu verletzen?“*

Wichtig für die Nachhaltigkeit der Konfliktlösung ist es, auf „Win-Win" zu setzen und zu versuchen, gemeinsam einen fairen Interessenausgleich zu finden und auf die Gefühle beider Seiten zu achten.

Machen Sie sich vor allem bewusst, dass jeder Konflikt eine Konfrontation mit der eigenen Lebensgeschichte ist und mit den Verletzungen, die Sie erlitten haben. Häufig ist ein Konflikt dadurch bedingt, dass durch das Verhalten des Anderen eine alte Verletzung in Ihnen aktiviert wird. Wenn Sie z. B. das Gefühl hatten, von Ihren Eltern nicht genügend gesehen worden zu sein, reagieren Sie überempfindlich, wenn Sie übergangen oder ignoriert werden.

Denken Sie stets daran, dass jeder das Verhalten des Anderen nicht objektiv, sondern immer durch die Brille des verlassenen, ungeliebten, abgelehnten Kindes hindurchsieht. So ist der Konflikt eine Einladung, sein inneres verletztes Kind zu umarmen. Dann wird es langsam ruhiger.

Positiv gesehen sind Konflikte eine Quelle der Selbsterkenntnis. Wir erkennen in den Konflikten die Bilder und Vorstellungen, die wir von uns und von anderen haben. Der Konflikt lädt uns ein, unsere Vorstellungen loszulassen und den Anderen so anzunehmen, wie er ist.

Wer offen mit Konflikten umgeht, lernt sich selbst kennen, einmal mit den in der Kindheit erlittenen Verletzungen, zum anderen aber auch mit eigenen Lebensmustern.

Grundsätzlich gilt: *„Wenn du die Gegenwart umarmen möchtest, musst du die Vergangenheit loslassen."*

6.4 Akzeptanz der Realität und Neubewertung der Vergangenheit

Der Kontaktabbruch und die Trennung der Kinder von ihren Eltern und deren Kinder von den Großeltern ist für die Betroffenen oft ein langer, schmerzhafter Prozess, der von Trauer begleitet wird.

Um aus dem Tal der Tränen heraus und wieder in die seelische Balance zu kommen, ist es notwendig, den Kontaktabbruch zu akzeptieren. *Akzeptanz* bedeutet, etwas als gegeben anzunehmen und nicht mehr dagegen anzukämpfen.

Akzeptanz ist nichts anderes als die Bereitschaft, das Leben so anzunehmen, wie es ist, mit seinen Vor- und Nachteilen.

Der erste Schritt zur Akzeptanz besteht darin, die Realität anzuerkennen, wie auch immer sie aussieht, denn die Ablehnung der Realität beseitigt den Schmerz nicht, im Gegenteil: Sie vergrößert ihn und verwandelt ihn in Leid.

Mit Akzeptanz schalten Sie Ihr Kontrollzentrum wieder ein, denn, wenn Sie es schaffen, Ihren Verlustschmerz zu reduzieren, heben Sie die Blockade auf und können darüber nachdenken, was in der jeweiligen Situation am besten zu tun ist. Genau das gelingt Ihnen, indem Sie die Realität akzeptieren, anstatt dagegen zu rebellieren. Allerdings ist das gar nicht so einfach. Oft haben wir einen massiven Widerstand dagegen, das Geschehen anzunehmen, es erscheint uns zu schmerzhaft. Doch der emotionale Schmerz entsteht dadurch, dass wir uns gegen die Realität sperren. Er wird verursacht von Gedanken wie:

- *„Das ist ja furchtbar,*
- *das halte ich nicht aus,*
- *vorher war alles so wunderbar,*
- *das ist eine Katastrophe!"*

Es ist jedoch sinnlos, sich in die Opferrolle zu begeben oder sich zu wünschen, dass die Realität so ist, wie man sie sich wünscht. Die Realität anzunehmen, heißt auch im Fall eines Kontaktabbruchs, sich in das Unabänderliche zu fügen. Das hat nichts mit Resignation zu tun, sondern bedeutet, den Tatsachen ins Auge zu sehen.
Sagen Sie sich:

- *„Es ist nun mal, wie es ist."* oder
- *„Ich kann es nicht ändern."*

Wenn Sie sich wirklich darum bemühen, werden Sie spüren, wie sich die Wogen Ihrer Emotionen glätten und Ihr Kopf wieder frei wird. Jetzt haben Sie die Möglichkeit, darüber nachzudenken, wie Sie sich trotz der Umstände das bestmögliche Leben erschaffen können, weil Sie Ihre Energie nicht länger mit emotionalem Schmerz vergeuden. Ihre geschonte Energie können Sie für Veränderungen nutzen.

Akzeptanz macht frei und ermöglicht es, eine Neubewertung der Vergangenheit vorzunehmen. Aber was hindert „verstoßene Großeltern" daran, das Geschehene zu akzeptieren?

Den meisten ist nicht bewusst, dass Widerstand den Schmerz verstärkt und feste Urteile und Einstellungen über die Situation dazu führen, mit den Gedanken ständig um das Geschehen zu kreisen. Es ist ihnen nicht möglich, loszulassen, weil sie glauben, erst Genugtuung erfahren zu müssen. Bis dahin beharren sie darauf, dass die Situation nicht so sein darf, wie sie ist.

So gelingt es Ihnen als „verstoßene Großeltern“, die Realität zu akzeptieren und die Vergangenheit neu zu bewerten:

- Decken Sie Ihre Illusionen auf.
- Womit beschwichtigen Sie sich? Denken Sie evtl., *„die bereuen sicher bald, dass sie den Kontakt zu mir abgebrochen haben.“*
- Sagen Sie sich: *„Für diese Hoffnung gibt es keinen Anhaltspunkt“*, oder: *„schön, wenn meine Tochter zurückkehrt, aber darauf will ich nicht warten.“*
- Entdecken Sie, um welche tiefere Erfahrung es Ihnen geht. In der Selbstanalyse können Sie herausfinden, was wirklich hinter Ihrem Schmerz über die Situation steckt. Beispiel: *„Ich wünsche mir, dass meine Tochter zu mir zurückkommt und damit den Kontaktabbruch beendet.“* Warum? *„Damit ich wieder glücklich werde.“* Machen Sie sich klar: das, was Sie sich wünschen, ist nur eine Option, um glücklich zu werden. Es gibt auch dann, wenn Ihre Tochter den Kontaktabbruch nicht aufgibt, immer zahlreiche Möglichkeiten, um glücklich zu werden. Eine Verengung des eigenen Glücks auf das Beenden des Kontaktabbruchs führt Sie in eine emotionale Abhängigkeit.
- Nehmen Sie Abschied von Illusionen. Vielleicht war die Beziehung zu Ihrer Tochter schon immer fragil und Sie wollten es nicht wahrhaben?
- Aktivieren Sie bewährte Strategien. In der Vergangenheit mussten Sie bestimmt schon häufiger eine unange

nehme Realität akzeptieren. Wie haben Sie das geschafft? Vielleicht hatten Sie einen vertrauten Menschen, mit dem Sie darüber gesprochen haben oder Sie haben eine Therapie gemacht. Könnte das jetzt auch für Sie hilfreich sein?

- Suchen Sie sich Vorbilder. Bestimmt kennen Sie Menschen, denen Gleiches widerfahren ist und die ihr Schicksal tapfer angenommen haben.
- Ändern Sie Ihre Sichtweise. Stellen Sie sich vor, wie Sie 5 Jahre später auf das Ereignis schauen. Oft stellen sich Krisen später als Chancen heraus. Die Änderung der Sichtweise und die Neubewertung der Vergangenheit können dazu verhelfen, die Opferrolle abzulegen.
- „Verstoßene Großeltern" werden während der durch den Kontaktabbruch bedingten Auszeit gezwungen, über die Art und Qualität der Beziehung nachzudenken, über Verbindendes und Trennendes. Sie ziehen Bilanz und wechseln die Perspektive, um den oder die Gründe für den Kontaktabbruch zu erkennen und unter gedanklicher Einbeziehung der anderen Seite die Geschehnisse der Vergangenheit neu zu bewerten.

6.5 Versöhnen und Verzeihen als familiäre Seelenhygiene

Konstruktiv und heilsam kann ein Kontaktabbruch dann sein, wenn er dazu führt, dass beide Seiten die Distanz dazu nutzen, darüber nachzudenken, wie sie auf einem neuen Weg bzw. auf einer anderen Ebene einander in Selbstachtung wieder begegnen können. Hilfreich ist dabei der Gedanke, dass kein Mensch fehlerfrei ist, man sich selbst und anderen vieles verzeihen muss und es nur dann Wege zurück zu einer wertschätzenden Beziehung gibt, wenn man die Opfer- und Vorwurfshaltung aufgibt und den Blick nach vorne richtet auf eine Zukunft in gegenseitiger Achtung und Akzeptanz.

Was aber ist der Unterschied zwischen Verzeihen und Versöhnen?

Verzeihen ist eine einseitige Entscheidung und unabhängig vom Anderen, Versöhnung dagegen ist nur möglich, wenn beide Seiten das wollen.

Verzeihen ist der Verzicht auf Vergeltung. Das Verzeihen durchbricht im Idealfall die Tauschwertlogik von Gabe und Gegengabe. Man erwartet nichts, ist aber auch nicht gleichgültig, sondern vollzieht einen „moralischen Schuldenschnitt".

Voraussetzung für den Prozess des Verzeihens ist die Erkenntnis, dass nicht nur die anderen fehlbar sind, sondern man selbst auch. Darüber hinaus sollte das Verantwortungsgefühl für das Gelingen des Familienlebens immer wieder dafür sorgen, dass Streit geschlichtet wird, um die Wogen zu glätten, weitere Eskalationen zu vermeiden und durch gegenseitiges Versöhnen und Verzeihen einen Neuanfang zu ermöglichen.

Die Vorstellung, selbst unzulänglich und fehlerhaft zu sein, erleichtert es uns, auch anderen Fehler zuzugestehen. Sollte es sich aber um Zerwürfnisse handeln, muss es im Prozess der Versöhnung darum gehen, sich wechselseitig Schwächen, Versagen und die Verletzung von Gefühlen anzuerkennen und den anderen um Verzeihung zu bitten.

Den meisten fällt das schwer, weil sie das als Niederlage empfinden. Es ist aber menschliche Größe, Fehler und Fehlverhalten einzugestehen und aufeinander zuzugehen. Entscheidend ist der Wille zu verzeihen.

Die Bedeutung von Verzeihen und Versöhnen kann nicht hoch genug eingeschätzt werden: Jeder kennt das Gefühl der Befreiung und Erleichterung nach einer Versöhnung, wenn einem der sprichwörtliche Stein vom Herzen fällt. Verzeihen und Versöhnen befreit Denken und Handeln und macht innerlich unabhängig. Natürlich setzt eine echte Versöhnung Einsicht auf beiden Seiten voraus, *verzeihen* kann man unabhängig vom anderen.

Wer verzeiht, zeigt wahre Größe und tut sich und seiner Seele in erster Linie etwas Gutes, denn Verzeihung ist letzten Endes ein Akt der Seelenhygiene.

Verzeihen fällt leichter, wenn man sich klar macht, dass man dadurch seine Lebensqualität verbessern kann. Trotz aller offensichtlichen Vorteile der Verzeihung und der Aussöhnung fällt beides vielen Menschen schwer bzw. ist ihnen ganz unmöglich.

Verzeihen ist aber nicht nur ein christlicher Auftrag, sondern der beste Selbstschutz. Wem es schwer fällt zu verzeihen, der möge sich fragen: Wie hätte ich reagiert, wäre ich an der Stelle des anderen gewesen? Wer darauf ehrliche Antworten findet, ist eher bereit, den ersten Schritt zur Versöhnung zu wagen, ein verzeihendes Wort zu finden, um einen Neuanfang zu versuchen und eine Brücke zu schlagen. Voraussetzung dafür, einander zu verzeihen, ist die Akzeptanz, dass jeder Mensch Fehler macht, also nicht unfehlbar ist.

Im Gegensatz zum Verzeihen, das nur den Verzicht auf Rache und weitere Wiedergutmachung meint, geht Versöhnung einen Schritt weiter und macht einen Neustart möglich.

Den meisten Menschen fällt es leichter, sich demjenigen, der sie gekränkt hat, wieder zu nähern, wenn eine entsprechende Reuebekundung stattgefunden hat. Geschieht das nicht, bleiben die Rollen, also Opfer und Täter, bestehen und es kann im Grunde genommen keine Brücke gebaut werden.

Was ist nun das Ziel einer Versöhnung?

Es geht um gemeinsame Verantwortung für das Gelingen von Familie und darum, das beschädigte, gestörte Miteinander zu beenden, um familiäre Gemeinschaft wieder zu ermöglichen.

Es ist hilfreich, einander auf dem Hintergrund der jeweils anderen Biographie und Familiengeschichte heraus verstehen zu lernen. Die Voraussetzung dafür besteht darin, indem man miteinander redet. Verstehen heißt nicht, Schlechtes zu rechtfertigen, es heißt, den anderen in seiner Biographie, seinen Beschränkungen und Unzulänglichkeiten zu sehen und zu erkennen, was man von ihm erwarten kann und was nicht.

Versöhnen und Verzeihen gelingt nur, wenn auf Schuldzuweisungen verzichtet wird und stattdessen der Versuch unternommen wird, Empathie füreinander zu entwickeln und Verständnis füreinander aufzubringen.

6.5.1 Die Versöhnung mit sich selbst

Die Voraussetzung für die Versöhnung „verlassener Großeltern" mit ihren „abtrünnigen Kindern" besteht zunächst in der Versöhnung *mit sich selbst* und das ist für die meisten von ihnen die schwerste Lebensübung. Den meisten fällt es schwerer, sich selbst etwas zu verzeihen, als anderen.

Versöhnung mit sich selbst bedeutet, ein realistisches Selbstbild zu haben, Selbsttäuschung und etwaige Lebenslügen aufzugeben, die Angst vor der eigenen Wahrheit zu überwinden und sich mutig seinen Schattenseiten und seinem Versagen zu stellen.

Versöhnung mit sich selbst bedeutet auch, sich Eigenschaften und Gewohnheiten einzugestehen, die man vielleicht lieber verstecken würde, um sein positives Selbstbild aufrecht zu erhalten. Versöhnung mit sich selbst setzt eine ehrliche Auseinandersetzung mit sich selbst und seiner Vergangenheit voraus. Das ist ein schwieriger Prozess.

Deshalb ist es sinnvoll, einen Menschen des Vertrauens, z. B. einen guten Freund, in diesen Prozess einzubeziehen, um zu einer gesunden Selbsteinschätzung und Selbstakzeptanz zu kommen.

Versöhnung mit sich selbst gelingt am besten, indem sich „verstoßene Großeltern" bewusstmachen, dass sie Großartiges geleistet haben, auch wenn sie sich nicht verzeihen können, dass ihre Kinder den Kontakt zu ihnen abgebrochen haben und sich als Versager empfinden, weil ihnen nicht das gelungen ist, was andere Familien offensichtlich hinbekommen und was sie sich selbst auch gewünscht hatten.

Sich mit sich selbst zu versöhnen, bedeutet auch, Verantwortung für sich selbst und sein Leben zu übernehmen. Es ist wenig hilfreich, für die eigene Vergangenheit und das, was nicht so geworden ist, wie man es sich erträumte, einen Schuldigen zu suchen und in der Opferrolle zu verharren. Es geht darum, zu verstehen und zu akzeptieren, dass nicht nur Erfolge, sondern auch Niederlagen zum Leben gehören.

Versöhnung mit sich selbst bedeutet, nicht in Selbstmitleid, Aggression oder Anklagen stecken zu bleiben, sondern die destruktiven Gefühle Groll, Hass und Enttäuschung abzustreifen und sich selbst und anderen Fehlverhalten und Versagen zu verzeihen, denn erst Versöhnung versetzt uns in die Lage, wirklich neu zu beginnen und das eigene Leben als Chance zur Veränderung zu begreifen. Dazu folgendes Beispiel:

Anne, 62:

„Bei meiner kritischen Bestandsaufnahme musste ich mir eingestehen, dass ich einiges falsch gemacht habe. Ich versuchte mit aller Macht, ‚Oberwasser' und damit meine Autorität zu verteidigen. Dass meine Tochter und ihre Familie eines Tages den Kontakt zu mir abgebrochen haben, war eine schmerzhafte Zäsur in meinem Leben, die in mir etwas bewirkte. Mein Umdenken führte mich zu der Erkenntnis, dass ich mich selbst ändern muss, wenn sich etwas verändern soll. Nach 5 Jahren des Kontaktabbruchs hatte ich eine Entwicklung gemacht, konnte mir verzeihen, Fehler gemacht zu haben. Das war bestimmt die Voraussetzung dafür, dass es zwischen meiner Tochter und ihrer

Familie zur Wiederannäherung kommen konnte. Ich habe vor allem gelernt, dass man anderen nur dann etwas verzeihen kann, wenn man sich selbst verzeiht."

Das Beispiel zeigt, dass erst nach einer Versöhnung mit sich selbst eine Versöhnung mit den entfremdeten Kindern erfolgen kann. Der innere Frieden hängt letztlich nicht vom anderen ab. Der Andere ist nicht zu ändern, man kann nur mit dem Geschehenen leben lernen, wenn man sich selbst verändert, indem man sich selbst verzeiht.

6.5.2 Die Versöhnung mit Kindern und Schwiegerkindern

Eigentlich wünschen sich Eltern und Kinder, Schwiegereltern und Schwiegerkinder Verbundenheit und ein gutes Miteinander. In Konfliktberatungen sehe ich es aber immer wieder, wie sehr alle Beteiligten unter dem Spannungsfeld zwischen Eltern und den Partnern ihrer Kinder leiden.

Eine nachhaltige Versöhnung zwischen Eltern, Kindern, Schwiegereltern und Schwiegerkindern ist aber nur möglich, wenn man sich bewusst macht, wodurch Konflikte entstanden sind.

In Konfliktberatungen zeigt sich immer wieder, dass Schwiegerverwandte seit Generationen immer wieder auf die gleichen Konflikte stoßen. Die Jungen fühlen sich überwacht und nicht für voll genommen, die Alten fühlen sich zurückgewiesen.

Relativ konfliktfrei sind familiäre Beziehungen, wenn der Partner oder die Partnerin des Kindes als ebenbürtiger

Erwachsener anerkannt wird und Eltern und Schwiegereltern sich selbst Einmischungen verbieten.

Ein erster Schritt auf dem Weg, sich mit seinem Kind und seinem Schwiegerkind nach Konflikten zu versöhnen, besteht in der festen Absicht, Frieden zu schließen und vergeben zu wollen, auch wenn das nach erlittenen Enttäuschungen und Verletzungen schwerfällt.

Besonders, wenn es Enkel und damit eine neue Generation gibt, kann es nach Konflikten und Kontaktabbrüchen eine Reihe von Hindernissen auf dem Weg der Wiederannäherung und Aussöhnung geben. Gehen Sie als Vorbild voran und lehren Sie Ihre Kinder, Ihre Schwiegerkinder und Ihre Enkel die Kunst des Verzeihens, denn Verzeihen ist nicht nur christlicher Auftrag, sondern die wirksamste Form der Seelenhygiene.

Wie kann man Konflikte mit Kindern und Schwiegerkindern überwinden?

Der Psychotherapeut Jörg Berger wendet sich in seinem Buch *„Stachlige Eltern und Schwiegereltern. Wie Sie Konflikte befrieden und versöhnt leben“*[14] Konflikten mit Eltern und Schwiegereltern zu und entwirft Optionen, wie Konflikte befriedet werden können und ein versöhntes Miteinander möglich ist. „Zurückhaltung“ ist seiner Erfahrung die Methode der Wahl, mit dem sich viele Konflikte zwischen den Generationen vermeiden ließen. Darüber hinaus sollten Eltern und Schwiegereltern das junge Paar als eigenes System respektieren.

Konflikte verursachen Stress. Wer besonders nach tiefgreifenden Konflikten unter den Generationen diesen schwer aushaltbaren Zustand überwinden möchte, sollte sich bewusst machen, dass das nur möglich ist, wenn beide Seiten bereit sind, sich Schritt für Schritt wieder behutsam anzunähern und bereit sind, Kompromisse einzugehen sowie Zeit und Arbeit zu investieren.

Für die Lösung eines Konfliktes gibt es, wie so oft, keine Patentlösungen.

Doch so banal es klingen mag: Der erste Schritt ist immer Ihre Entscheidung, endlich etwas ändern zu wollen. Es empfiehlt sich, nicht sofort zum Telefon zu greifen, da sich die Gegenseite dadurch schnell bedrängt und überrumpelt fühlen könnte. Eine möglicherweise bessere Option ist ein klassischer Brief – auch als E-Mail –, der von der angeschriebenen Person zu einem selbstgewählten Zeitpunkt in Ruhe und auch mehrfach gelesen werden kann. Und auch Ihnen kann das Schreiben dabei helfen, sich mit den auslösenden Momenten des Streits selbstkritisch zu beschäftigen. Seien Sie ehrlich, beschreiben Sie Ihre Sicht der Dinge – und versuchen Sie aber gleichzeitig auch, die Position Ihres Gegenübers zu verstehen. Rechtfertigungen, Vorwürfe und Anschuldigungen können einen Versöhnungsprozess schon im Keim ersticken. Und sollte der Versuch der vorsichtigen Annäherung scheitern und ein Brief ungelesen zurückkommen, muss auch das akzeptiert werden. Es zeigt, dass die Zeit noch nicht reif ist.

Nach jahrelangem Kontaktabbruch kann es auch hilfreich sein, professionelle Hilfe in Form einer Familientherapie anzunehmen. Voraussetzung dafür ist aber, dass auf beiden Seiten grundsätzlich die Bereitschaft zur Aussprache besteht. Eine solche Therapie ist alles andere als einfach und funktioniert nur, wenn die Teilnehmenden sich darauf einlassen. Die erste Adresse hierfür sind familientherapeutische Einrichtungen. Hier finden Sie Experten, die als Mediatoren die Gespräche unterstützen und Konflikte objektiv analysieren können. Die neutrale Umgebung und Moderation tragen dazu bei, Gespräche in eine konstruktive Richtung zu lenken und ihnen auch bei hoher Emotionalität neues Streitpotenzial zu nehmen.

Wenn eine gemeinsame Therapie nicht möglich ist, Sie vielleicht das Gefühl haben, die Situation nicht deuten zu können, und sich der Streit merklich auf Ihre Psyche auswirkt, kann auch eine Einzeltherapie helfen.

Wie Versöhnung möglich ist und wie man mit Verletzungen umgehen kann, mag folgende Anekdote verdeutlichen:

Zwei Freunde wanderten durch die Wüste. Während der Wanderung kam es zu einem Streit, und der eine schlug dem anderen ins Gesicht.

Der Geschlagene war gekränkt. Ohne ein Wort zu sagen, kniete er nieder und schrieb folgende Worte in den Sand: *„Heute hat mir mein bester Freund ins Gesicht geschlagen.“*

Sie setzten ihre Wanderung fort und kamen bald darauf an eine Oase. Dort beschlossen beide, ein Bad zu nehmen. Der Freund, der geschlagen worden war, blieb auf einmal im Schlamm stecken und drohte zu ertrinken. Aber sein Freund rettete ihn buchstäblich in letzter Minute.

Nachdem sich der Freund, der fast ertrunken war, wieder erholt hatte, nahm er einen Stein und ritzte folgende Worte hinein: *„Heute hat mein bester Freund mir das Leben gerettet.“*

Der Freund, der den anderen geschlagen und auch gerettet hatte, fragte erstaunt: *„Als ich dich gekränkt hatte, hast du deinen Satz nur in den Sand geschrieben, aber nun ritzt du die Worte in einen Stein. Warum?“*

Der andere Freund antwortete: „*Wenn uns jemand gekränkt oder beleidigt hat, sollten wir es in den Sand schreiben, damit der Wind des Verzeihens es wieder auslöschen kann. Aber wenn jemand etwas tut, was für uns gut ist, dann können wir das in einen Stein gravieren, damit kein Wind es jemals löschen kann.*“[15]

6.6 Wiederannäherung – Behutsamer Kontaktaufbau zu Kindern und entfremdeten Enkelkindern

Wenn sich ein Paar in einem heftigen Streit trennt, verlieren die gemeinsamen Kinder oft den Kontakt zu einem Elternteil. Häufig wird danach auch der Umgang mit den Großeltern unterbunden.

Für einen erfolgreichen, behutsamen Kontaktaufbau nach einem familiären Kontaktabbruch ist das Verhältnis der Großeltern zu den Eltern ihrer Enkel entscheidend. Wenn es aus der Vergangenheit ungelöste Konflikte gibt, die zum Kontaktabbruch führten, muss hier angesetzt werden, um sie zu bereinigen, denn eine Großeltern-Enkel-Beziehung ist auch immer eine Drei-Generationen-Beziehung. Manchmal kann eine Familientherapie helfen.

Eltern und Großeltern sollten sich bewusst machen, dass Kinder bzw. Enkel nichts dafür können, wenn sich ein Elternteil nicht gut mit den Großeltern versteht oder deren Ansichten nicht teilt. Sie sind letztlich aber die Leidtragenden dieses Konfliktes.

Obwohl Großeltern meist keine Gründe für einen Kontaktabbruch erfahren, sollten sie bedenken, dass auch unbewusste Handlungen zu Verletzungen der eigenen Kinder geführt haben könnten. Ich habe nach einer Lesung mit nachfolgender Diskussion zum Thema „Späte Versöhnung" von einer Tochter erfahren, was sie so gekränkt hat, dass sie den Kontakt zu ihren Eltern abgebrochen hat.

„Ich habe meine Eltern im Umgang mit meinen Kindern als liebevoll, großzügig und tolerant erlebt und mir ist dadurch schmerzhaft bewusst geworden, was ich entbehrt habe. Um dieses schmerzhafte Gefühl nicht immer wieder erleben zu müssen, habe ich den Kontakt zu meinen Eltern abgebrochen."

Tatsächlich tendieren Großeltern oft dazu, ihren Enkeln gegenüber viel toleranter und großzügiger zu sein, als sie es bei den eigenen Kindern waren. Das kann bei den Eltern der Enkelkinder schmerzliche Emotionen hervorrufen, die sie glauben, durch Kontaktabbruch vermeiden zu können. Bei ihrem eigenen Schmerz verlieren sie aus den Augen, dass ihre Kinder von einer guten Beziehung zu den Großeltern profitieren.

Es ist immer einen Versuch wert, sich innerhalb der Familie wieder anzunähern. Menschen und Situationen verändern sich und die Zeit heilt manche Wunden. Kränkungen verblassen, Kinder und Eltern können im Laufe ihres Lebens ihre Meinung ändern und sich vielleicht doch wieder zumindest für Minimalkontakte öffnen. Vielleicht gibt es Menschen, die Kontakt zu ihnen haben und signalisieren könnten, wann ein neuer Versuch Sinn macht oder die sogar dafür werben würden.

Regelmäßige Briefe, Karten oder auch E-Mails sind Lebenszeichen und als ausgestreckte Hand zu verstehen, ohne Erwartung, dass auf diese reagiert werden muss. Es ist an Ihren Kindern, ihre Entscheidung über den Kontaktabbruch zu überdenken und vielleicht einmal zu revidieren, auch wenn dazu vielleicht ein kleines oder größeres Wunder passieren muss.

In meinen Beratungen und Seminaren traf ich mehrfach Familien, in denen es nach einem Kontaktabbruch nach Jahren wieder zu einer Annäherung gekommen ist. Geben Sie deshalb die Hoffnung nie auf, wenn Sie betroffen sind. Suchen Sie nach Möglichkeiten einer behutsamen Wiederannäherung und wenn das scheitert, nach Alternativen, z. B. Intensivierung freundschaftlicher Kontakte.

Oft ist ein Neuanfang nicht leicht, ja sogar seelische Schwerstarbeit, denn es geht nach jahrelangem Kontaktabbruch darum, eine Brücke zum Neuanfang zu finden, über die man zueinander finden muss, am besten von beiden Seiten.

Eine Wiederannäherung nach einem Kontaktabbruch braucht viel Fingerspitzengefühl, denn man bewegt sich auf dünnem Eis. Deshalb ist es auch nicht empfehlenswert, in dieser Phase Probleme zu besprechen und lösen zu wollen. Es gilt, alles zu unterlassen, was zu neuen Störungen führen könnte. Moralpredigten und Vorwürfe sollten ebenso tabu sein wie Triumph- und Überlegenheitsgefühle. Umarmen Sie stattdessen Ihr Kind und sagen Sie ihm, wie froh Sie sind, dass es wieder da ist. Eine solche Geste der Großherzigkeit öffnet Ihnen auch die Herzen Ihrer durch den Kontaktabbruch entfremdeten Enkelkinder.

Nach einem Kontaktabbruch und der späteren Kontaktaufnahme muss eine *neue Beziehungsebene* geschaffen werden und zwar zum eigenen Kind, zum Schwiegerkind und zu den Enkeln. Nach einem Kontaktabbruch müssen Großeltern begreifen, dass etwas Neues begonnen hat, dass sich Beziehungen und Umgangsformen geändert haben. Sie müssen bereit sein, sich zu disziplinieren und sich von der Elternrolle zu verabschieden, denn ihr Erziehungsauftrag ist beendet. Nun kommt es darauf an, die Beziehung zu erwachsenen Kindern auf eine neue Ebene zu transformieren.

Bei der Neuausrichtung der Beziehung zwischen erwachsenen Kindern und deren Eltern sollte es nach einer Wiederaufnahme des Kontaktes darum gehen, einen aufrichtigen, respektvollen Dialog zu beginnen, denn der ist der Schlüssel für eine Beziehung auf Augenhöhe.

Wie aber kann die Wiederannäherung und der Kontaktaufbau zu den entfremdeten Enkelkindern gelingen?

Das hängt davon ab, wie die Beziehung vor dem Kontaktabbruch war. Wer sehr intensive Kontakte zu seinen Enkelkindern hatte und eine enge Bindung aufbauen konnte, hat es leichter als „Besuchsgroßeltern". Wichtig ist auch, wie die Beziehung zur Mutter der Enkel war und ist, denn eine Beziehung zu den Enkeln bekommt man nur über eine gute Beziehung zur Mutter der Enkel.

Auch wenn ein Treffen erst einmal nicht möglich ist, können Großeltern versuchen, mit den Eltern ihrer Enkel zu sprechen und ihnen zu versichern, dass man ihren Wunsch nach Abstand akzeptiert und gleichzeitig darum bittet, mit den Enkeln ein Minimum an direktem Kontakt halten zu dürfen, damit das Kind merkt, dass die Großeltern weiter an es denken. Vielleicht kann man vereinbaren, dass Postkarten und Päckchen erlaubt sind, oder dass die Großeltern mit ihrem Enkel mailen und telefonieren dürfen.

Die besten Chancen auf eine erfolgreiche Wiederannäherung kann ein Vermittler sein, den das Kind aussuchen sollte. Das kann ein Freund sein, ein entfernter Verwandter, der nicht in den Konflikt zwischen den Eltern verstrickt war oder auch ein Lehrer oder ein Therapeut. Wenn das Kind die Möglichkeit hat, sich in der Situation durch einen vertrauten Menschen unterstützt zu fühlen, können Vorbehalte und Ängste vermieden werden.

Großeltern haben aber auch die Möglichkeit, sich an eine *Familienberatungsstelle* zu wenden. Die Berater dort können Kontakt zu den Eltern der Enkel aufnehmen und zwischen den Parteien vermitteln helfen.

Suchen Sie als Großeltern selbst aktive Unterstützung in dieser Phase der Wiederannäherung. Die Begleitung, Unterstützung und Verarbeitung des Erlebten gemeinsam mit einer therapeutischen Fachkraft kann hier eine große Hilfe sein.

6.7 Wie das familiäre Miteinander gelingen kann

Ein harmonisches Familienleben wünschen sich alle, wie aber jeder aus Erfahrung weiß, verläuft das familiäre Miteinander nicht immer reibungslos. Spannungen, Stress und Konflikte in der Familie sind häufig die Folge von Illusionen und Idealisierung, die zu hohem Erwartungsdruck und Stress führen können. Auch die Bedürfnisse der Familienmitglieder, die sich in unterschiedlichen Lebensphasen befinden, können miteinander kollidieren und Konflikte auslösen.

Auch gut funktionierende Familien bestehen aus verschiedenen Generationen und Charakteren, aus Menschen mit individuellen Ansichten, Bedürfnissen, Gefühlen und Vorstellungen. Deshalb sind *Konfliktfähigkeit* und *Kompromissfähigkeit* aller Familienmitglieder entscheidend für familiären Frieden.

Konfliktfähig zu sein bedeutet, konstruktiv miteinander zu reden und zu streiten und nach Lösungsmöglichkeiten und Kompromissen zu suchen, sodass die Bedürfnisse aller erfüllt werden können.

Konfliktfähigkeit schließt den *Mut* ein, den Konflikt oder die eigene Unzufriedenheit offen anzusprechen. Das eröffnet die Chance, den Konflikt zu lösen, andererseits geht man aber auch das Risiko ein, ihn zu verschärfen. Somit setzt Konfliktfähigkeit ein gewisses Maß von Selbstbewusstsein der Konfliktparteien voraus, denn nur, wer darüber verfügt, wird sich gelassen und großzügig auf den Prozess einer Konfliktlösung einlassen.

Grundsätzlich ist es durchaus legitim, sich leidenschaftlich dafür einzusetzen, was einem wichtig ist. Man kann auch versuchen, den anderen zu begeistern oder zu überzeugen. Am Ende muss man sich aber auch darauf einstellen, dass die eigenen Vorstellungen mit denen der Kontrahenten nicht kompatibel sind und ein *Kompromiss* gefunden werden muss. Wie gut das gelingt, hängt von der Konflikt- und Kompromissfähigkeit aller Familienmitglieder ab.

Kompromisse werden durch *Aushandeln* erzielt. Beide Seiten gehen einen Schritt oder mehrere Schritte aufeinander zu und geben in verschiedenen Punkten nach. Das Ziel ist eine Einigung, die für beide Seiten akzeptabel ist, d. h. eine *Win-win-Situation.*

Zum Gelingen familiärer Beziehung trägt besonders eine wertschätzende Kommunikation bei, die das Selbstwertgefühl des Einzelnen fördert und hilft, das Gefühl der Nähe und der Verbundenheit miteinander zu bewahren oder wiederherzustellen.

Selbst wenn in der Vergangenheit viel Kritik aneinander geübt wurde – die Botschaft *„Ich sehe deine Stärken. Ich sehe, wie wertvoll du bist. Du bist mir wichtig!"* macht es dem anderen möglich, sich zu öffnen, sein Herz wieder zu weiten, nachdem er sich vielleicht vorübergehend verschlossen oder distanziert hat. Aufrichtige Anerkennung und Wertschätzung kann selbst entfremdete Familienmitglieder, die möglicherweise schon seit Jahrzehnten zerstritten sind, wieder zueinander bringen und dazu beitragen, dass Gräben zwischen den Generationen oder zwischen Geschwistern sich wieder schließen.

Ein *Perspektivwechsel* kann darüber hinaus im Konflikt eine Wende bringen und hilft in jedem Fall, den Standpunkt und die Gefühle des Konfliktpartners nachzuvollziehen. Dieses Verstehen ist oft eine Voraussetzung für die Überwindung des Konflikts.

Der Perspektivwechsel ist ein hilfreiches Instrument, im Konfliktfall Verständnis füreinander zu entwickeln und zu verstehen, warum sich ein Familienmitglied so verhält. Er ebnet darüber hinaus im Konfliktfall den Weg für nachhaltige Lösungen. In meinen Seminaren und Konfliktberatungen ermutige ich stets dazu, sich bei Konflikten immer wieder auf einen Perspektivwechsel einzulassen, um die eigene Wahrnehmung zu erweitern.

Außer zugewandter Nähe ist die richtige Distanz wichtig, um Übergriffe zu vermeiden. Was in der Herkunftsfamilie schon sehr schwer ist, wird in der erweiterten Familie mit Schwiegereltern und Schiegerkindern oft zur Herausforderung. Besonders bei Familienfesten und an Weihnachten, wenn die Erwartung besonders groß ist, dass alle einander verstehen und sich mögen sollten, tritt durch ungewohnte Dauernähe zutage, dass keine Beziehung schwieriger und zwiespältiger ist, als die zwischen Schwiegermüttern und Schwiegertöchtern. Es wird offenbar, dass die Interaktion nicht klappt, die Kommunikation gestört ist, es an gegenseitigem Verständnis fehlt und man das Anderssein des Schwiegersohnes oder der Schwiegertochter als Bedrohung empfindet, statt als Chance.

Schwiegereltern sind gut beraten, wenn sie von Anfang an den Partner bzw. die Partnerin ihres Kindes als ebenbürtigen Erwachsenen betrachten und behandeln. Sie sollten sich klar machen, dass sie es mit einem Erwachsenen zu tun haben, der als eigenständig angesehen werden möchte.

Auch die oft verschiedenen familiären Hintergründe sorgen im Verhältnis von Schwiegereltern und Schwiegerkindern für Irritationen. Das Schwiegerkind kommt aus einer fremden Familie, in der möglicherweise völlig andere Werte gelten als in der eigenen. Diese Unterschiede wirken für Eltern oft bedrohlich, weil sie ihr gesamtes Lebenskonzept in Frage stellen. Schwiegereltern sollten sich in Toleranz üben, statt den Versuch zu unternehmen, ihr Schwiegerkind umzuerziehen und zu fordern, dass es sich den Gegebenheiten der Schwiegerfamilie anpasst. Das kann als Kritik an der Ursprungsfamilie aufgefasst werden. Schwiegereltern sollten versuchen, die Andersartigkeit des Schwiegerkindes zu akzeptieren und wertzuschätzen. Hilfreich kann es dabei sein, sich die Herkunftsfamilie des Schwiegerkindes bildlich vorzustellen. So bekommt man einen Eindruck davon, dass auch auf der anderen Seite viele Generationen ihre eigenen Strategien entwickelt haben, denen man Achtung entgegenbringen sollte.

Besonderes Konfliktpotenzial wird der Verbindung von Schwiegermüttern mit Schwiegertöchtern nachgesagt. Oft ist folgendes Szenario zu beobachten: Wenn eine junge Frau in die Familie kommt, sind die Probleme mit der Schwiegermutter oft vorhersehbar. Schon allein die Tatsache, dass die neue Frau an der Seite des eigenen Sohns jünger, schöner und faltenfreier ist, kann für die alternde Schwiegermutter unbewusst problematisch und bedrohlich sein.

Auch die Haushaltsführung der Schwiegertochter führt in vielen Fällen zu Auseinandersetzungen. Die Schwiegermutter hat natürlich mehr Erfahrung und weiß vielleicht tatsächlich manche Dinge besser. Aber auch die Schwiegertochter hat ein Recht darauf, es auf ihre Art zu lernen. Für den Sohn und Ehemann ist die angespannte Situation zwischen den Frauen besonders schwierig. Egal, wie er sich verhält – er macht alles falsch. Entweder er kommt mit seiner Mutter in Konflikt oder er bekommt Ärger mit seiner Partnerin.

Zusammenfassung

Grundsätzlich gilt: Möchte man in der Familie gut miteinander auskommen, dann empfiehlt es sich, den regelmäßigen und intensiven Kontakt miteinander zu suchen und zu pflegen, um Vorbehalte und Vorurteile abzubauen. Zeigen Sie einander, dass Sie an einem guten Verhältnis interessiert sind. Intensive Gespräche schaffen Nähe und Vertrauen. Je mehr Sie einander kennenlernen, je mehr kann auch gegenseitige Wertschätzung wachsen. Befreien Sie sich aber von der Vorstellung, es allen recht machen zu müssen. Kein Mensch ist dazu in der Lage. Aber gegenseitiges Verständnis kann man lernen, damit das familiäre Miteinander gelingen kann:

- Miteinander reden und einander einfühlsam zuhören fördert das gegenseitige Verständnis, auch innerhalb von Familien. Kommunikation schafft Nähe und ist damit ein guter Nährboden, auf dem starke Beziehungen gedeihen können.
- Mitgefühl entsteht durch Verständnis. Nichts ist so wichtig wie das Verständnis für die verschiedenen Sichtweisen jedes Familienmitgliedes. Daher sind der Perspektivwechsel und die Fähigkeit, sich in die Situation eines anderen Menschen hineinzuversetzen, für den Aufbau starker und gesunder emotionaler Bindungen von entscheidender Bedeutung.
- Suchen Sie im Konfliktfall „Win-win-Lösungen“. Sie garantieren ein harmonisches Miteinander.
- Da sich auch innerhalb der Familie Gegensätze nur mit Toleranz überwinden lassen, sollten sich alle

Familienmitglieder in dieser Disziplin üben. Ideal wäre es, die Vorzüge eines Familienmitglieds schätzen und seine Nachteile akzeptieren zu können.

6.8 Prävention durch Respekt, Toleranz, Vertrauen und Wohlwollen

Blut macht uns zu Verwandten, Liebe und Respekt zu Familien. Respekt voreinander zu haben ist die Grundlage eines friedlichen und konstruktiven Familienlebens und damit die effektivste Prävention, um Konflikte und Unfrieden zu vermeiden.

Respekt ist eine Investition. Nur wer bereit ist, sich anderen gegenüber respektvoll zu verhalten und einen respekt vollen Umgang zu pflegen, kann erwarten, dass diese auch selbst Respekt entgegenbringen. Wie man in den Wald hineinruft, so schallt es heraus.

Ein respektvoller Umgang bedeutet, höflich zu sein, Einmischungen zu vermeiden und die Rechte anderer nicht zu missachten. Ein respektvoller Umgang miteinander bildet eine wichtige Grundlage für ein wertschätzendes Miteinander innerhalb der Familie.

Auch *Toleranz* ist ein präventiver Baustein für belastbare Beziehungen. *Toleranz* bedeutet, dem Anderen sein Anderssein zu gestatten und zu dulden, dass er etwas anderes sagt oder tut, als erwartet oder für gut befunden wird. Ideal wäre es, die Vorzüge eines Familienmitglieds schätzen und seine Nachteile akzeptieren zu können.

Toleranz ist besonders unter den verschiedenen Generationen innerhalb einer Familie wichtig. Tolerant sollten Großeltern sein, wenn ihre Kinder und Schwiegerkinder andere Bedürfnisse haben als sie selbst und einen eigenen Lebensstil entwickeln oder ihre Kinder anders erziehen als sie es vorgelebt haben.

Neben Toleranz ist *Vertrauen* wichtig für harmonische Familienbeziehungen, denn das Vertrauen der Familie wird zur Basis für Selbstvertrauen und damit zur größten Kraft und Ressource für die Lebenszufriedenheit. Vertrauen ist Ausdruck intakter Familienbeziehung, Garant für Verlässlichkeit und Zusammenhalt und ein präventives Element für ein gelingendes Familienleben.

Wohlwollen ist eine gütige und offene Haltung, die sich in Gedanken, Worten und Taten ausdrückt und es ermöglicht, stets Lösungen zum Wohlbefinden aller zu finden.

Wohlwollen schafft Anerkennung und Offenheit und fördert positive Resonanz. In einer Familie zu leben, deren Wohlwollen man spürt, gibt die Sicherheit und Freiheit, die man braucht, um über sich selbst hinauszuwachsen. Wohlwollen kann beflügeln und den familiären Zusammenhalt stärken.

Die nachhaltigste Prävention, familiäre Konflikte zu vermeiden, besteht darin, ein innerfamiliäres Klima der gegenseitigen Offenheit und Wertschätzung zu schaffen und an den Beziehungen in der Familie zu arbeiten, um harmonische Familienbeziehungen zu schaffen. Dazu können folgende Schritte hilfreich sein:

- *Offene Kommunikation*: Offene und ehrliche Kommunikation ist eine Voraussetzung dafür, sich in der Familie wohl und zu Hause zu fühlen.

- *Zuhören und Verstehen:* Im nächsten Schritt ist es entscheidend, den anderen Familienmitgliedern aufmerksam zuzuhören. Versuchen Sie, die Perspektiven und Gefühle der anderen Familienmitglieder zu verstehen. Das erfordert Empathie und die Bereitschaft zur Toleranz, andere Standpunkte zu akzeptieren.
- *Offenheit, Kompromissbereitschaft und Wertschätzung:* Bleiben Sie offen für Kompromisse und zeigen Sie Wertschätzung für die Bedürfnisse und Meinungen der anderen Familienmitglieder. Dies schafft eine Atmosphäre des Respekts und der Wertschätzung.
- *Lösungsorientierung:* Arbeiten Sie stets als Familie gemeinsam an Lösungen zur Beseitigung etwaiger Probleme. Verstehen Sie sich als Team, gemeinsam können Sie Wege finden, Konflikte zu lösen und familiäre Beziehungen verbessern.

Willst du das Land in Ordnung bringen, musst du erst die Provinzen in Ordnung bringen. Willst du die Provinzen in Ordnung bringen, musst du erst die Städte in Ordnung bringen. Willst du die Städte in Ordnung bringen, musst du zuerst die Familien in Ordnung bringen. Willst du die Familien in Ordnung bringen, musst du erst deine eigene Familie in Ordnung bringen. Willst du deine eigene Familie in Ordnung bringen, musst du erst dich selbst in Ordnung bringen. – Konfuzius (551 – 479 v. Chr.)

6.9 Wenn ein familiärer Neustart nicht gelingt

Die Familie ist für die meisten Menschen ein rettender Anker, der Kraft gibt und eine Umgebung, in der wir alle so sein dürfen, wie wir sind. Doch diese Bilderbuchidylle trifft für die wenigsten Familien zu. Eher ist zu beobachten, dass sich oft Konflikte zu etwas Zerstörerischen aufbauen.

Was aber ist zu tun, wenn Familienmitglieder nicht an einer Aussprache interessiert sind und sich zurückziehen oder keine Einsicht zeigen möchten? Der Weg zur Aussöhnung innerhalb der Familie kann mitunter langwierig und anspruchsvoll sein. Wenn offene Gespräche nicht ausreichen, ist es ratsam, professionelle Hilfe in Betracht zu ziehen.

Das hat Nadja, 28, auch getan. Sie kam zu mir in die Konfliktberatung mit folgendem Hintergrund:

Sie hat den Kontakt zu den Eltern abgebrochen, weil sie in ihrem Erleben nie die Möglichkeit hatte, sich und ihre Persönlichkeit zu entfalten, ihr Bedürfnis nach Autonomie auszuleben und ihre eigenen Erfahrungen zu sammeln. Sie beschrieb es so, dass es ihr in der Familie immer zu eng gewesen sei, sie kaum Luft zum Atmen gehabt habe, ihre Eltern zur Überbehütung geneigt hätten und sie dadurch keine Chance gehabt habe, ausreichend Selbstständigkeit und Selbstwirksamkeit entwickeln zu können.

Nach Nadjas Darstellung habe es lange gedauert, bis ihre Mutter den Kontaktabbruch ihrer erwachsenen Tochter akzeptieren konnte.

Auch Nadjas Mutter kam zur Beratung, weil sie sich den Kontaktabbruch ihrer Tochter nicht erklären konnte und es für sie kaum auszuhalten ist, nicht zu wissen, wie lange dieser schmerzhafte Abbruch dauern wird. Ich habe ihr geraten, sich nicht auf ihren Schmerz und auf das zu konzentrieren, was ihr im Moment fehlt, sondern auf das, was ihr Freude machen könnte.

Beim Abschlussgespräch blieb die verständliche Hoffnung, vielleicht irgendwann, wenn die Zeit reif dafür ist, die Beziehung zu ihrer Tochter klären zu können. Aber, es hatten sich durch die Gespräche für sie eine neue Sichtweise auf ihre Lebensphase eröffnet, die es ihr ermöglichte, ihr eigenes Leben wieder aktiv und selbstbewusst zu gestalten. Am Ende dieses langen und schmerzhaften Weges stand für die Mutter die Liebe – zu sich selbst und zum Leben.

Angelika Kindt ist auch eine verlassene Mutter, bei der ein familiärer Neustart nicht gelungen ist und die den Verlust ihrer Tochter Maya in einem Buch verarbeitet und ein Ventil gefunden hat: *„Wenn Kinder den Kontakt abbrechen.*[16] In ihrem autobiografischen Buch schildert die Dozentin und Diplom-Politologin nicht nur ihre eigene familiäre Situation, sondern lässt auch andere betroffene Eltern zu Wort kommen. Sie geht der Frage nach, wie es zu einer solch drastischen Entwicklung einer offensichtlich intakten Familie kommen kann, schildert die Ratlosigkeit, Schuldgefühle und Trauer der Eltern und zeigt Wege auf, mit diesem großen Verlust umzugehen. Angelika Kindt schildert, wie sie es mit professioneller therapeutischer Hilfe gelernt habe, Selbstvorwürfe zu überwinden und den Sinn in ihrem Leben wiederzufinden. Das Ende ihres Buches hat sie ihrer Tochter Maya gewidmet: *Sei versichert, die Tür bleibt für Dich immer geöffnet,* heißt es da.

Es gibt Fälle, in denen ein familiärer Neustart nach der Auszeit eines Kontaktabbruchs gelingt, aber auch solche, bei denen der Kontaktabbruch zu einem dauerhaften Bruch mit den Eltern führt. Letzteres ist schwer zu akzeptieren, muss aber geschehen, um wieder frei zu sein für das, was das Leben noch bereithält. Verstoßene Großeltern müssen sich irgendwann neu orientieren und einen Plan für ein Leben ohne Kind(er) und Enkel entwickeln.

Mein Appell lautet: Probieren Sie Neues aus und finden Sie neue Quellen der Inspiration:
- Was wollten Sie schon immer mal machen?
- Welche Erfahrungen würden Sie gerne machen?
- Was haben Sie immer verschoben?

Seien Sie kreativ und offen und sagen Sie öfter einmal ‚Ja'. Verlassen Sie Opferrolle und Komfortzone, das stärkt Ihr Selbstbewusstsein, das durch die Zurückweisung der Kinder gelitten hat. Schaffen Sie sich Glücksmomente, z. B. durch
- freundschaftliche Kontakte,
- sportliche Aktivitäten (Gemeinschaftssport),
- Yoga,
- die Natur,
- ein Ehrenamt.

Überlegen Sie, was Ihnen immer Freude bereitet und Kraft gegeben hat und achten Sie darauf genau, das (wieder) zu tun.

Blicken Sie nach vorne. Versuchen Sie sich in eine Haltung zu bringen, in der Sie auch neugierig und offen dafür sein können, was das Leben für Sie noch bereithalten kann.

- Welche Projekte können Sie angehen?
- Was ist Ihnen für die Zukunft wichtig?
- Packen Sie es an und gestalten Sie Ihre Zukunft aktiv.

7. Die Rechtslage – Das Umgangsrecht der Großeltern

Großeltern sind oft an der Erziehung und Förderung ihrer Enkelkinder beteiligt. Sie unterstützen die Eltern bei der Betreuung und es entstehen über die Bindungen zu Eltern und Geschwistern hinaus Sozialbeziehungen, die es zu schützen und zu stärken gilt.

Mit dem Kindschaftsrechtsreformgesetz wurde ein eigenes Umgangsrecht für Großeltern geschaffen, das sie gegebenenfalls auch gegen den Willen der Kindeseltern durchsetzen können. Die gesetzliche Regelung des § 1685 Abs. 1 BGB gewährt den Großeltern ein Umgangsrecht mit ihren Enkeln, wenn dieses dem Wohl der Enkel dient..

Zunächst sollte immer außergerichtlich eine Einigung zum Umgangsrecht erzielt werden. Gelingt das nicht, kann das Jugendamt um Unterstützung gebeten werden, um Ihr Umgangsrecht mit Ihren Enkeln von einem Familiengericht prüfen zu lassen. Zuständig für die Klage ist immer das Amtsgericht, in dessen Gemeinde das Kind seinen gewöhnlichen Aufenthalt hat. Ab dem 14. Lebensjahr hat das Familiengericht das Kind persönlich anzuhören, sodass die Wünsche und Meinungen des Enkelkindes tatsächlich relevant für die Entscheidung des Gerichts sind. Je älter das Kind ist, umso gewichtiger ist seine Aussage vor Gericht.

Die gerichtliche Durchsetzung scheitert in der Praxis leider häufig an Zerwürfnissen zwischen Großeltern und

Eltern, wodurch das Kind im Rahmen des Umgangs in einen Loyalitätskonflikt gerät.

Ein Fallbeispiel:
Das OLG Braunschweig hatte im Rahmen eines Beschwerdeverfahrens zu entscheiden, ob der begehrte Umgang der Großeltern mit den Enkelkindern deren Wohl entspricht (OLG Braunschweig vom 30.06.2021 Az. 2 UF 47/21). Die Großeltern väterlicherseits forderten von den getrenntlebenden Eltern, einen regelmäßigen Wochenend- und Ferienumgang zuzulassen. Der Vater befürwortete dies zusätzlich zu seinem eigenen Umgang mit den Kindern. Die Mutter sprach sich gegen weitergehende Umgänge mit den Großeltern aus mit der Begründung, dass die Beziehung zwischen den Großeltern und ihr sehr stark belastet sei.

Das OLG folgte dieser Argumentation und beurteilte das Verhältnis der antragstellenden Großeltern zu der Mutter derart tiefgreifend zerrüttet, dass ihnen kein Umgangsrecht nach §1666 Bürgerliches Gesetzbuch (BGB) zustehe. Die Enkel könnten in einen Loyalitätskonflikt geraten und es bestünden Anhaltspunkte dafür, dass die Großeltern den verfassungsrechtlich eingeräumten Erziehungsvorrang der Eltern missachteten. Beides sei dem Kindeswohl nicht dienlich. Das OLG berief sich dabei auf die Rechtsprechung des Bundesgerichtshofs (BGH, Beschl. v. 12.07.2017, Az. XII ZB 350/16), der diese Kriterien für die Beurteilung des Umgangs von Großeltern für das Kindeswohl angelegt habe.

Nach der Rechtsprechung des Bundesgerichtshofs dient der Umgang mit den Großeltern nicht dem Wohl des Kindes, wenn Eltern und Großeltern so zerstritten sind, dass das

Kind in einen Loyalitätskonflikt gerät oder konkrete Anhaltspunkte dafür gegeben sind, dass die Großeltern den verfassungsrechtlich eingeräumten Erziehungsvorrang der Eltern missachten (BGH, Beschluss vom 12.07.2017, XII ZB 350/16). Entsprechend war nach Auffassung des OLG Braunschweig der vorliegende Sachverhalt zu bewerten. Die Großeltern hatten sich wiederholt abwertend über die Kindesmutter geäußert und ihre Erziehungseignung in Frage gestellt, ohne dass dazu ein berechtigter Anlass bestand, und damit die Gefahr eines Loyalitätskonfliktes für die Enkel begründet. Die feindselige Haltung der Großeltern gegenüber der Mutter führte deshalb zur Zurückweisung des Antrags der Großeltern auf Durchsetzung eines eigenen Umgangsrechts.

Tatsächlich muss es aber gar nicht so gewesen sein, dass sich die Großeltern abwertend über die Kindsmutter geäußert haben. Oft wird das einfach behauptet, um mit diesem Hebel das Umgangsrecht der Großeltern zu vereiteln.

Anders als in Ländern wie Belgien und Frankreich, wo Eltern Sanktionen drohen, wenn sie Oma und Opa den Kontakt zu den Enkeln verbieten, muss man in Deutschland als Großeltern beweisen, dass man keine Gefahr für die Enkelkinder ist und sie nicht in einen Loyalitätskonflikt bringt. In den Nachbarländern ist die Beweislast umgekehrt: Eltern müssen belegen, dass der Umgang mit den Großeltern nicht zum Wohle des Kindes ist, um ihnen den Kontakt verwehren zu können.

Der Europäische Gerichtshof (EuGH) stellte klar, dass der Begriff des Umgangsrechts der Brüssel IIa-Verordnung (regelt unter anderem die gerichtliche Zuständigkeit in

Ehe- und Sorgerechtssachen) nicht nur den grenzüberschreitenden Umgang von Eltern mit ihren Kindern regelt, sondern der Begriff des Umgangsrechts auch das Umgangsrecht anderer Personen erfasst, die für das Kind aufgrund ihrer Nähe und/oder familiären Beziehung wichtig sind. Dazu gehören laut EuGH auch die Großeltern. Zur Entscheidung über das Umgangsrecht ist nach dem Beschluss des EuGH grundsätzlich das Gericht am persönlichen Aufenthaltsort des Kindes zuständig (EuGH, Urteil v. 4.5.2018, C – 335/17).

Abschließende Gedanken

Wer kann schon sagen, ob oder wozu ein Kontaktabbruch gut sein kann? Wir können nicht in die Zukunft schauen und infolgedessen auch nicht vorhersagen, ob mittel- oder langfristig nicht noch etwas Gutes aus der schmerzhaften Situation erwachsen wird. Die Lebenserfahrung aber zeigt, dass nichts so bleibt, wie es ist und Menschen und Situationen sich verändern können und dadurch am Ende Belastungen, Zumutungen und Schicksalsschläge langfristig durchaus positiv sein können.

Ich rate „verstoßenen Großeltern“, trotz ihrer Verzweiflung ihre Zuversicht aufrecht zu erhalten, dass das, was sie in ihren Kindern grundgelegt haben, zwar vielleicht vorübergehend verschüttet sein kann, dass aber immer die Hoffnung besteht, dass ihre Kinder eines Tages zu ihnen zurückfinden. Abzuwarten, bis die Zeit bei ihren Kindern reif ist für eine etwaige Wiederannäherung, kostet „verstoßene Großeltern“ unendlich viel Geduld. Viele haben Angst, dass ihnen dabei die Lebenszeit davonlaufen könnte. Das ist nicht völlig unbegründet, aber dennoch kann man Entwicklungen nicht beschleunigen.

Abschließend ein Gedicht einer verstoßenen Großmutter, das sie aus der Perspektive ihres Enkels verfasst hat:

Sagt mir, warum?
Warum darf ich Oma und Opa nicht sehn?
Warum sagt ihr immerzu NEIN?

Wie soll ich das ständige Nein bloß versteh'n?
Ich glaube, ihr seid nur gemein.
Wie gern möcht ich Oma und Opa besuchen!
Ich weiß es, sie haben mich lieb.
Ihr sagt mir, ich solle es ja nicht versuchen.
Befürchtet ihr, dass ich dort blieb?
Warum habt ihr beide mich immer belogen
und macht meine Großeltern schlecht?
Ihr habt mich in euren Streit einbezogen,
das ist weder fair noch gerecht.
Bald bin ich erwachsen, dann werdet ihr seh'n,
dann tu ich, was euch nicht gefällt:
Ich werde zu meinen Großeltern steh'n,
den besten für mich auf der Welt.

- Renate Buddensiek, 2012 -

Selbsthilfe – Anlaufstellen für verstoßene Großeltern

Wenn der für Großeltern schlimme Fall eintritt, dass sie ihr Enkelkind nicht mehr sehen dürfen, stellt sich für sie die Frage, wie sie mit ihrer Ohnmacht und ihrem Leid umgehen könnten. Der häufigste Rat ist meist: *„Ihr müsst loslassen!“* Dieser pauschale Rat ist aber für die wenigsten Betroffenen hilfreich. Eine Versöhnung über Gespräche anzustreben, ist in dieser Phase auch eher unwahrscheinlich, denn es ist ja gerade das Kennzeichen eines Kontaktabbruchs, dass sämtliche Kontakte von den erwachsenen Kindern abgelehnt und verhindert werden. Es bleibt damit für betroffene „verstoßene Großeltern“ nur, die augenblickliche Situation und das damit verbundene Leid auszuhalten und zu ertragen, weil sie es nicht einseitig beeinflussen oder ändern können.

Hilfreich kann für „verstoßene Großeltern“ folgendes sein:

- Fehlersuche ist müßig. Wichtig ist aber, anzuerkennen, dass etwas schiefgelaufen ist. Diese Erkenntnis könnte die Basis für einen Neustart sein. Behutsam und in sehr kleinen Schritten, ohne Erwartung, Vorwürfen und Verteidigungsreflexen, am besten an einem neutralen Ort, so dass sich zwei erwachsene Menschen angstfrei begegnen und sich neu entdecken können.

- Äußern Sie nie Erwartungen und machen Sie Ihren Kindern vor allem keine Vorwürfe, sie seien undankbar.
- Versuchen Sie stets, offen zu bleiben für Entwicklungen und Interesse zu zeigen. Vertrauen Sie darauf, dass Sie Ihr Kind nie wirklich verlieren werden und darauf, dass das, was Sie in ihm grundgelegt haben, Basis für deren Leben sein wird. Manches kann zwar momentan verschüttet sein, es wird aber irgendwann wieder zum Vorschein kommen. Distanz, so schwer sie auszuhalten ist, kann heilsam sein und am Ende zu intensiver Nähe führen. Lernen Sie abzuwarten, zu vertrauen und entwickeln Sie Zuversicht, statt zu verbittern.
- Verbieten Sie sich überraschende Anrufe oder Besuche, die als Überfallkommando empfunden werden und den Konflikt oft verschärfen. Stattdessen könnten Sie sich dezent an Feiertagen wie Ostern oder Weihnachten in Erinnerung bringen, indem Sie Briefe schreiben oder Geschenke schicken. Auch wenn Sie darauf keine Resonanz erhalten, ist dies oft ein erster Schritt, ihr Wohlwollen zu zeigen.
- Geben Sie die Hoffnung nie auf, denn Menschen und Gefühle verändern sich. Vielleicht äußern Ihre Enkelkinder eines Tages den Wunsch, ihre Großeltern kennenlernen oder wiedersehen zu wollen. Geben Sie auch Ihren Enkelkindern immer wieder ein Zeichen, dass Sie an sie denken (Karten aus dem Urlaub, kleine Geschenke zu besonderen Anlässen: Geburtstag, Weihnachten, Erstkommunion, Konfirmation).
- Freuen Sie sich über ihre Erfolge, aber halten Sie Ab stand nach dem Grundsatz: *„Schauen, Schenken, Schweigen"*. Damit schaffen Sie die beste Voraus-

setzung dafür, dass Ihre Zurückhaltung eines Tages Wertschätzung erfährt.
- Um besser mit dem Kontaktabbruch zurechtzukommen, ist eine Unterstützung z. B. durch eine Selbsthilfegruppe (www.verlassene-eltern.de oder www.shg-verstossene-grosseltern.de) hilfreich. Schließlich bleibt, insbesondere wenn sich Krankheitssymptome einstellen, der Weg zu einem Therapeuten.

Nachfolgend finden Sie einige Anlaufstellen für „verstoßene Großeltern", bei denen Sie Rat, Informationen und Gesprächspartner finden:

Bundesinitiative (BIGE) Großeltern
Ohne Streit ein unbeschwertes Leben für unsere Enkelkinder. Das ist das Ziel der Initiative. Seit 1997 setzt sich die Bundesinitiative Großeltern dafür ein, die Beziehungen zwischen den Kindern, ihren Eltern und Großeltern auch nach Trennung, Scheidung und anderen Familienkonflikten nicht abbrechen zu lassen. (Quelle: Bundesinitiative Großeltern)

Regionale BIGE-Initiativen: BIGE Nordrhein-Westfalen
BIGE Baden-Württemberg
BIGE Niedersachsen
BIGE Rheinland-Pfalz
BIGE Bayern
BIGE Sachsen-Anhalt

Selbsthilfegruppen für verstoßene Großeltern

Selbsthilfegruppe in Osnabrück und Umgebung
Interessierte treffen sich am Mittwoch, 7. März, um 18 Uhr im Haus der Gesundheit, Hakenstraße 6, Osnabrück. Monatliche Folgetreffen, jeweils am ersten Mittwoch eines Monats, sind geplant. Weitere Gruppen starten am Donnerstag, 8. März, im Pfarrhaus St. Elisabeth in Bad Rothenfelde und am Montag, 12. März, im Kirchenstübchen in Dissen, auch jeweils um 18 Uhr. Informationen unter *ohne.meine.familie@osnanet.de* oder 01575/7394538.

Selbsthilfegruppe für verlassene Großeltern in Kaiserslautern und Umgebung
Die Selbsthilfegruppe soll die Situation verarbeiten, wenn der Kontakt zu den Enkeln abbricht. Dieses Thema ist noch sehr tabuisiert. So ist es Betroffenen oft unangenehm, darüber zu reden und sie fühlen sich allein gelassen. In der Selbsthilfegruppe können sich Betroffene gleichberechtigt untereinander beraten und austauschen, sich helfen und gegenseitig unterstützen. Die Teilnahme an der Selbsthilfegruppe ist kostenlos und unverbindlich. (Quelle: verlassene-grosseltern-kl.de.tl)

Selbsthilfegruppe Hannover
Informationen zur Selbsthilfegruppe für Großeltern, die ihre Enkelkinder nicht sehen dürfen, gibt die Kontakt-, Informations- und Beratungsstelle im Selbsthilfebereich (KIBIS) unter Telefon 666567 oder im Internet.

Selbsthilfekontaktstelle KISS Stuttgart
Tübinger Straße 15
70178 Stuttgart
Tel. 0711/640 6117
Fax 0711/640 4561
info@kiss-stuttgart.de
Telefonische Sprechzeiten
Mo 14–16 Uhr & 18–20 Uhr
Di 10–12 Uhr
Mi & Do 14–16 Uhr
Persönliche Sprechzeiten
Mi 18–19 Uhr
Do 12–13 Uhr
Offene Tür
Mo–Do 17–20 Uhr

Selbsthilfegruppe Gifhorn
Gruppe für „verstoßene" Großeltern
Kontakt – Tel.: 05371/59 47 825
selbsthilfekontaktstelle@awo-gf.de
Sprechzeiten: Dienstag-Freitag: 8–13:30 Uhr

Selbsthilfegruppe Der Paritätische Lüneburg
Selbsthilfegruppen „Entsorgte" Eltern und Großeltern
www.entsorgte-eltern-und-grosseltern.de
Ansprechpersonen:
Peter Witkowski, Telefon: 04137/7056,
E-Mail peter.witkowski24@gmail.com
Dorette Kühn, Telefon: 04152/3420,
E-Mail dorette-kuehn@t-online.de

Selbsthilfegruppe Verstoßene Großeltern Bremen für die Region Bremen
Treffen jeden 2. Dienstag im Monat von 16–18 Uhr zum gemeinsamen Erfahrungsaustausch.
Infos & Gruppentreffen beim Netzwerk Selbsthilfe e.V.
Faulenstr. 31, 28195 Bremen
Telefon 0421/70 45 81
info@netzwerk-selbsthilfe.com

Weitere Selbsthilfegruppen für verstoßene Großeltern

Selbsthilfegruppe Bremen:
https://seniorenlotse.bremen.de/2015/12/hilfe-fuer-ausgestossene-grosseltern/

Selbsthilfegruppen Hamburg:
https://www.kiss-hh.de/

Selbsthilfegruppen Berlin:
https://www.nakos.de/themen/familie/

Selbsthilfegruppe Regensburg:
https://www.kiss-regensburg.de/aktuelles/detailseite/gruppengruendung-verlassene-eltern-und-grosseltern

Selbsthilfegruppe „Großeltern Nordoberpfalz"
Kontakt: E-Mail an seko.nopf@diakonie-weiden.de;
Telefon: 0961/3893163

Selbsthilfegruppe Wetteraus-Kreis:
https://wetteraukreis.de/selbsthilfe/selbsthilfegruppen/verlassene-eltern/grosseltern

Selbsthilfegruppe Kreis Pinneberg:
https://www.drk-kreis-pinneberg.de/ueber-uns/aktuelles/meldung/neue-selbsthilfegruppe-verlassene-eltern.html

Selbsthilfegruppe Rheinstetten:
https://bnn.de/karlsruhe/rheinstetten/selbsthilfegruppe-verstossene-grosseltern-oma-opa-kontaktverbot-enkelkinder-hilfe

Selbsthilfegruppe Krefeld:
https://www.mein-krefeld.de/niederrhein/wenn-oma-und-opa-nicht-willkommen-sind_aid-68715797

Selbsthilfegruppe Mönchengladbach:
https://rp-online.de/nrw/staedte/moenchengladbach/wenn-grosseltern-verstossen-werden_aid-16406349

Selbsthilfegruppe Viersen:
https://rp-online.de/nrw/staedte/viersen/wenn-grosseltern-verstossen-werden_aid-16397013

Selbsthilfegruppe Neuss:
selbsthilfe-neuss@paritaet-nrw.org

Selbsthilfegruppe Lüneburg:
„Entsorgte Eltern und Großeltern“:
https://www.selbsthilfe-lueneburg.de/
index.php?id=751&uid=25153

Selbsthilfebüro Groß-Gerau
selbsthilfe.gross-gerau@paritaet-projekte.org,
Tel.-Nr. 06152/9616835

Quellen

1. Boss, Pauline: (2008), Verlust, Trauma und Resilienz - Die therapeutische Arbeit mit dem „uneindeutigen Verlust“, Klett-Cotta, Stuttgart

2. https://www.spektrum.de/news/partner-mit-persoenlichkeitsstoerung-die-rollen-sind-festgelegt/2011774

3. https://www.grosseltern.de/grosseltern-muetterlicherseits-sind-sie-die-besseren-grosseltern/

4. Feldmann, Deborah; (2016), „Unorthodox“, Secession Verlag für Literatur

5. https://de.statista.com/themen/134/scheidung/

6. https://www.zeit.de/gesellschaft/familie/2014-10/grosseltern-enkel-scheidung-trennung/seite-2 7. Wuthe, Inge: http://www.inge-wuthe.de/traurigetraurigkeit.htm

8. Hammerström, Michael, (2007), 2. Aufl., Die Wunden der Seele - Verarbeitung seelischer Verletzungen, Münster: Aasee-Verlag

9. Kast, Verena (1994, 2008), Sich einlassen und loslassen, Neue Lebensmöglichkeiten bei Trauer und Trennung, Herder Spektrum Freiburg

10. https://www.amazon.de/Wunder-Perle-Heilsame-Impulse-verwundete/dp/3937240829

11. Wolf, Christa: (1976), Kindheitsmuster, Aufbau Verlag, Berlin 12. https://www.medizinpopulaer.at/2015/gesellschaft-familie/die-kriegsenkel/

13. Drexler, Katharina: (2017), Ererbte Wunden heilen - Therapie der transgenerationalen Traumatisierung, Verlag Klett-Cotta, Stuttgart

    Drexler, Katharina: (2020), Ererbte Wunden erkennen - Wie Traumata und Großeltern unser Leben prägen, Verlag Klett-Cotta, Stuttgart

14. Berger, Jörg: (2022), Stachlige Eltern und Schwiegereltern. Wie Sie Konflikte befrieden und versöhnt leben, Francke Verlag Marburg

15. https://motivationsgeschichten.com/2015/08/10/zwei-freunde-in-der-wueste/

16. Kindt, Angelika (2011), Wenn Kinder den Kontakt abbrechen. Hilfestellung und Strategien einer verlassenen Mutter, Stuttgart, Südwest-Verlag